钻石书架

U1019247

洛克菲勒
写给儿子的38封信

[美] 洛克菲勒◎著　梁珍珍◎译

完整全译本

THE 38 LETTERS OF
ROCKEFELLER
TO HIS SON

古吴轩出版社
中国·苏州

图书在版编目（CIP）数据

洛克菲勒写给儿子的38封信 /（美）洛克菲勒著；梁珍珍译 .--苏州：古吴轩出版社，2015.10（2023.3重印）
ISBN 978-7-5546-0539-4

Ⅰ. ①洛…　Ⅱ. ①洛…　②梁…　Ⅲ. ①洛克菲勒，J.D.（1839～1937）－书信集　Ⅳ. ①K837.125.38

中国版本图书馆CIP数据核字（2015）第219979号

责任编辑：徐小良
见习编辑：顾　熙
策　　划：王亚军
装帧设计：王可飞

书　　名：洛克菲勒写给儿子的38封信
著　　者：[美] 洛克菲勒
译　　者：梁珍珍
出版发行：古吴轩出版社
地址：苏州市八达街118号苏州新闻大厦30F
电话：0512-65233679　　邮编：215123
印　　刷：天津鑫旭阳印刷有限公司
开　　本：900×1270　1/32
印　　张：8.25
字　　数：145千字
版　　次：2015年10月第1版
印　　次：2023年3月第8次印刷
书　　号：ISBN 978-7-5546-0539-4
定　　价：32.80元

如有印装质量问题，请与印刷厂联系。022-22458633

前言

美国历史上最富有的人究竟是谁呢？世界著名的财经杂志《福布斯》曾给出这样的答案——约翰·D．洛克菲勒。

作为世界经济史上赫赫有名的“石油大王”，他创办了美孚石油公司，成为了地球上的首个亿万富翁。比尔·盖茨曾经说：“我心目中的赚钱英雄只有一个名字，那就是洛克菲勒。”

大部分的美国早期富豪都是靠着特殊的机遇而成功，唯有约翰·D．洛克菲勒例外。他白手起家，构建起一个庞大的商业帝国。回首约翰·D．洛克菲勒的一生，人们总是被他精明，冷静，富于真知灼见和极强判断力的大脑，以及独一无二的商业手腕和气魄所折服。

中国有句俗语：富不过三代。这也是中国历史上许多富商巨贾逃不掉的宿命。然而，洛克菲勒家族从发迹至今已经绵延数代，却没有丝毫颓废和没落的迹象。这也是直到现在该家族仍被世人所推崇的另一个重要因素。这其中到底有何奥秘呢？

实际上，洛克菲勒家族的子孙能够取得的巨大成功，是和他们所受到的家庭教育分不开的。在教育子女方面，洛克菲勒家族有着一套独特的教育方式和计划，目的就是不让孩子被宠坏。比如，老约翰·洛克菲勒每星期只会给自己的孩子五美元零花钱，而且必须清楚记账，知道这笔钱的去向。

本书收集了洛克菲勒写给孩子的数十封书信，在这些信中，你能够发现洛克菲勒家族拥有超强赚钱能力的秘密，能够感受到一位父亲对自己孩子那浓浓的亲情以及殷切的期望，能够体验洛克菲勒在其九十八年峥嵘岁月中的人生智慧和成功之道。

在这些书信中，老洛克菲勒对儿子在学问、品德、人际交往、事业发展、个人生活等方面提出了极其宝贵的人生忠告。毫无疑问，这些忠告对于当代的年轻人如何为人处世、获取财富、成就事业都是极其中肯、极有借鉴性的。

目 录

第一封

傻和聪明的博弈

亲爱的约翰：

明天我要回一趟老家克里夫兰，因为有家族的事情要亲自处理一下。我不在的这段时间，希望你能够代我处理一些事情。假如遇到实在没有办法解决的事情，或者让你迟疑的事情，你可以找盖兹先生，听取他的意见和建议。

盖兹先生为人忠诚，而且性格直率，做事精明干练。在我需要意见和建议的时候，他总是能够帮我做出正确的决策，而且非常尽职尽责。所以，他是我最信得过，也是最得力的助手。我相信只要你信任他、尊重他，他也会在你遇到问题的时候真诚地给你很多帮助和建议。

我亲爱的儿子，你毕业于著名的布朗大学，在经济学和社会学领域有着广博的知识，非常优秀。但是，想必你也知道，知识只有应用到实践上，才能够发挥它真正的价值和作用。

教科书上的知识都是那些一生致力于研究学问的老先生们埋头编写出来的，虽然有一定的参考价值和理论依据，但是很难直接帮你解决现实生活中遇到的问题。

所以，我希望你不要过分依赖于现有的理论知识和学问去解决问题，这才是你能走好以后人生路的关键。

你要明白，学问如果没有学以致用，那么就很难发挥它真正的价值，而想要使它发挥价值，就必须有很好的执行力。

那么，执行力从哪里来呢？我认为，它来自于困难之中。我的生活并不是一帆风顺的，也遭遇了种种的挫折和失败。但是，正是这些困难和挫折才使我坚信：只有拥有坚强的性格、坚持不懈的毅力、良好的执行力，才能够成大事。

当人生处于逆境和苦难中的时候，人们总会寻找各式各样的方法和途径来摆脱困境。而我认为，你要想方设法去吃苦，因为这才是通往成功的关键要素之一。

你也许会笑话我，觉得自己主动去吃苦简直傻死了。不！我认为假如一个人的一生没有吃过苦，那反倒是不幸的。

世界上有太多的事情属于昙花一现，比如那些一夜成名的明星、一夜暴富的富豪等等。他们哪个不是很快就消失在人们的视野中了呢？只有吃苦，踏踏实实做事，才能够使你的事业牢固。所以，人要有长远的眼光，想要获得长久的收获，就必须做好长久吃苦的准备。

在你和我一起工作的日子里，我相信你也觉察到了，我没有对你委以重任。这并不是说我不信任你，对你的能力不认可，我只是通过观察发现你更能把小事做得井井有条罢了。

千里之行，始于足下。要做好大事，必须先从做好小事开始。假如你一开始就高高在上，那肯定没有办法充分了解下属的能力和心情，也就不能更好地用人。

在这个世界上，要获得成功，就必须学会借助他人的力量，而你只有从基层做起，才会对下属员工的心态和需求比较了解。等你成为了高管，你就会知道使用什么样的方式来让他们尽心尽力工作了。

亲爱的儿子，在这个世界上，有两种人非常聪明：一种是像艺术家、演员和学者等，能够活用自己的聪明人；另一种是像领导和经营者一样，能够活用别人的聪明人。

而能够活用别人的聪明人，一般都能够抓住人心。但是，很多领导都认为想要抓住人心，就必须用严格的管理和指挥方式，才能够很好地镇压下属。这样的领导是聪明的傻瓜。

在我看来，这不仅不能够显示领导的领导力，反而会使他的领导力大打折扣。因为，只要是个正常人都不希望自己受到轻视，也不希望被别人认为没用，这会在很大程度上挫败他们的进取心和工作干劲。这样的领导只能使下属显得越来越没有能力。

即便是一头猪被很好地夸赞也能够爬上树。所以，有着很好的经营管理思维的人，或者说是能够成大事的人，他们的心胸都比较宽广，懂得赞美人，使人觉得被信任和重视。

也就是说，这样的领导都有情感上的付出。而只有和下属积极沟通，同时能够付出自己情感的领导，才能够获得下属的尊重，也才能够让下属安心地为其工作。

知识对一个人来讲非常重要，但是有知识的人更有可能被知识奴役。因为我们都知道，知识会内化成一种先入为主的观念，然后形成一种固有的心理，认为“我懂”、“我了解”、“本来就是这个样子”。当人们都“懂”了，也就大大降低了想要知道的兴趣，也就没有了前进的动力。到头来，就会认为干什么事情都没有意思，很无聊。这便是“不懂”才有可能成功的道理。

很多有知识的人的自尊心和荣誉感都十分强烈，想让他们去向别人请教问题，就会使他们觉得低人一等，很没有面子，说不出口，甚至觉得“不知道”就是一种极大的犯罪。这其实是一种自作聪明的表现。他们永远都不会理解，每次不懂的时候，恰恰是人生转折点出现的地方。

那些自作聪明的人其实都很傻，假如将聪明看作是能够捞到好处的标准，那我肯定不傻。

直到现在我都清楚地记得，当我为怎样借到一万五千美元而伤透了脑筋时的情景。我走在大街上不停地苦苦思索。有意思的是，当我满脑子都在想怎样借钱、找谁借钱的时候，一辆银行家的马车拦住了我，然后他坐在车上低声问道：“洛克菲勒先生，你想用五万美元吗？”难道我走运了？我不敢相信眼前发生的这一切。但是，我马上镇静了下来，然后看了看那个银行家的脸，慢悠悠地说：“……能给我二十四小时考虑下吗？”最终，我以对我最佳的条件达成了借款合同。

我能想象得到，在我不在的这段时间里，让你独自处理事情不是一件容易的事情，但这也没什么可怕的。在我的经商生涯中，我一直信奉“让我等等再说”。

也就是说，我在做任何决定之前，都不急于下结论，而是会冷静思考和判断，一旦决定下来了就会坚决执行下去。我相信你也能做到。

爱你的父亲

第二封

不服输才会赢

亲爱的约翰：

在诚挚、热烈的爱戴中陶醉的感觉简直太好了！今天，我从芝加哥大学的学生身上深刻地体会到了这种美好的感觉。这也算是我建立这座大学的回报之一吧。而这的确让我很惊喜。

说句真心话，当初投资创办这所大学的时候，我只是想为这个国家的青年能够继承祖辈最优秀的文化做一点事情，能够给青年一代创造一个美好的未来，根本就没有想到会受到今天这样圣人般的待遇。回过头来看，我投资这所大学是我这一生中最为明智的决定。

芝加哥大学的学生非常热情，他们朝气蓬勃，对未来充满希望，都想要建功立业。其中有几个男生跑过来，一脸稚气地跟我说，我是他们的偶像，希望我给他们的未来发展提供一些好的建议。我欣然地接受了这个请求，然后对即将成为未来的洛克菲勒的他们说了如下的一番话：

“成功的最终决定因素是思想的‘大小’，而绝对不是一个人的身高、体重、家庭背景和学历等条件。思想的大小决定了我们能够走多远。这里面最为关键的一点，就是我们要摒弃人类自贬的弱点，你首先要看得起你自己。因为，你们远比想象中的自己要伟大得多。因此，不要局限于自己的思想，更不要看轻自己。”

说到这里的时候，学生突然开始热烈地鼓掌，我显然被这股热情鼓舞了，一下子热血沸腾，继续发自肺腑地说：

“历史上的哲学家都曾对人类提出建议：认识自己。然而，很多人都把它理解为要认识自己的缺点。所以，很多人在评价自己的时候，就会想到很多的缺点、过失和无能。能够承认自己的缺点非常好，可以改进以求得提高。但是，假如我们只盯着自己的缺点，而看不到任何优点，那么就会觉得自己很没用，从而陷入混乱之中。

“但是，对希望别人尊重自己的人来说，却要面对一个残酷的现实，那就是，别人和他本人对自己的看法是一致的。我们都会遇到‘我们自以为是怎样’的问题。那些主观上认为自己比别人差的人，无论自己的能力到底如何，一定会比别人差。这主要是因为思想会对行为起到调节和控制的作用。

“假如一个人觉得自己不如人，那么就真会表现出各种不如别人的行为；那些自己认为自己不重要的人，就会真的不重要。这样的感觉是没办法掩盖和隐瞒的。

“此外，那些认为自己担负着重大责任的人，就真的会成为重要人物。因此，假如你们想做一个重要的人物，就必须先自己认为‘我确实很重要’，只有自己相信自己很重要，别人也才会这样认为。

“任何人都必须面对这样的一个推理原则：你的思想决定你的行为，你的行为决定着他人对你的看法。这就正如自己想获得别人的尊重，首先要认为自己值得别人尊重，然后别人才会反过来更加尊重你一样。

“请你们想想：你会尊重那些在破败街道游混的人吗？肯定不会。原因很简单，这些无赖汉自己都不尊重自己，只是让自卑侵占了自己的灵魂，甘愿被人瞧不起。

“一个人的自我观念是人格的核心要素，你们觉得自己是什么样的人，就很有可能成为什么样的人。

“任何一个人，不管他在哪里，是默默无闻还是声名显赫，是文明还是愚昧，是强壮还是年老，都十分渴望成为重要人物。请你们仔细考察身边的每一个人，无论是你的邻居、师长、同学、朋友，还是你们自己，谁不曾希望自己成为重要人物？任何一个人都有这样的需求，这是人类最为强烈和紧迫的目标之一。

“但是，为什么大多数人都抱着这个可能实现的目标而最终浑浑噩噩呢？我觉得是态度问题。从某种意义上讲，态度是一个人的思想和精神要素的物化表现，对我们的最终选择和行为起到了决定性影响。从这个角度来思考，态度可能既是我们最好的朋友，又是我们最大的敌人。

“必须承认，我们根本没办法左右风的方向，但是可以选择我们的态度。当你的态度是认可自己的、尊重自己的，那么那些所谓的‘我没用’、‘我算什么’、‘我没有价值’等自卑的话语、打击人自信心的想法就会烟消云散，取而代之的是自信心的增强和行为方式的有效改变，变成了‘我能！而且我会’这样的心态。这是成功的前提。

“小伙子们，请不要再自己骗自己了！因为那些认为自己不重要的人，通常都会自暴自弃。所以，无论在任何时刻，都不要自己看不起自己，而是要经常筛选自己的优点，常常问自己：‘我有哪些优点？’而且要肯定自己的优点。

“你们要认可自己的优点，告诉自己‘我比我想象中的还要优秀’。你们不能以现在的情况来判断自己，而要看到自己未来发展的可能性，要保持高远的目标，并且随时问自己：‘重要人物会不会这么做呢？’按照这样的思路，你们不久就会成为成功的人。

“孩子们，尽管成功的路上有无数黄金，但是这条路却是条单行线。在这个时候，我希望你们有乐观的态度，也就是哲学家们常说的，要有‘希望’。但是，我认为这种说法是对乐观的一种曲解！在我看来，乐观其实就是一种信念，相信生活中乐大于悲，相信即使遇到挫折在所难免，但是还是好事居多。”

约翰，你知道吗？虽然这次即兴演讲只有十几分钟的时间，但是我却赢得了八次掌声，我很自豪。但是，可惜的是，中间太多的掌声使我的思路受到了干扰，提高自身的思考能力这一点，我忘了说。虽然有遗憾，但我还是很开心，因为我的话语竟然还有如此大的魅力。

爱你的父亲

第三封

起点不决定成败

亲爱的约翰：

你渴望可以和我一辈子一同出航，这种想法很美好。但是，我不可能永远做你的船长，人总是要长大，要靠自己来走完未来的人生路。

或许，你现在还没有独自前行的能力，但是，你必须明白的是，我们生活的这个世界充满了挑战和神奇，你可以参与其中，并且从那里开始享用关于你未来人生的种种盛宴。但是，在你面前刀叉摆放的位置和命运带给你的一道道菜肴，都需要你自己来选择和品尝。

当然，我十分渴望你在不久之后就能够出类拔萃，完全超越我。我将你留在我身边的目的，就是想让你不必经历太多艰难险阻就可以达到事业的高峰。这一点你不必向外人炫耀，也不用心存感激，觉得幸运无比。

美利坚合众国创建的目的，就是要实现每个人在法律和权利面前的平等地位，与经济和文化优势无关。

现在想想，我们生活的世界就像是一座高山，在很多的时候，父母的位置对孩子的人生起点有着决定性作用。假如你的父辈生活优越，事业成功，那么你一定不会贫穷潦倒，一事无成；假如你的父辈生活贫穷，事业一事无成，那么你的事业注定也不会好到哪里去。

但是，这并不等于说，每个起点有差别的人，注定人生结果也是有差异的。因为，在这个世界上，贫穷和富裕都不会有遗传性，只有奋斗才能最终取得成功。我相信，我们的命运并不是完全由出身来决定的，很多时候，行动可以改变我们的命运。

这就像我小的时候，家境很不好，连上学时的书本钱都是邻居给付的。而且刚开始工作的时候，我只是一个周薪五美元的簿记员，这些都是你知道的。但是，经过我的努力奋斗，照样创建了一个人人羡慕的石油帝国。在别人看来觉得这是个神话，但这些其实正是我努力奋斗的回报，是命运对我的付出的一种欣赏和奖励。

约翰，机会在每个人面前不会是平等的，但是结果却可能是平等的。

现实中有很多这样的例子：在政界和商界，尤其是商界，有很多成功人士在未成功之前都很贫穷且没有机会，但是通过自己的努力奋斗都取得了成功；相反，有很多家庭富裕的人却活得非常失败。

根据马萨诸塞州的一项统计数字显示，在调查的十七个富裕人家的子弟中，居然没有一个在去世时还是个有钱人。

早在很久之前，社会上就广泛流传着一个有钱人的孩子无能的故事。据说，在费城的一个小酒吧里，当一位客人说有位富翁是通过奋斗才成功的时候，旁边的一位较为精明的先生讽刺道：“是啊，他继承了两千万遗产，结果到后来却变成了一百万。”这个故事多么具有讽刺性啊！

在今天的社会中，有钱人的孩子不进则退，他们中有很多人会受到讽刺和怜悯，甚至有些可能会受到诅咒。

也就是说，家族的成功和强盛并不能成为子孙功成名就的依靠。在富有家庭子孙发展的早期，的确会由于家族的成功和强盛给他带来莫大的便利条件，但是，并不能保证他一定获得成功。

对于有钱人的子孙所面临的这个窘境，我也曾认真做过思考。我认为，在有钱人的子孙中，大多数都过分倚重家族的声望和强盛，却没有用心学习和练就生存与成功所必备的技能。反倒是那些出身卑微、家境贫穷的人，由于有着急切成功和摆脱现状的心情，反而更加努力，会主动练就生存技能和寻找成功的机会，并且十分珍惜这得之不易的机会。

此外，我还认为，有钱人的子孙少了那份拯救自己的强烈欲望，大多会躺在家族的功劳簿上而没有太大的成就。

因此，在你和你的姐姐们年幼的时候，我就不会刻意告诉你们我是个有钱人，而是帮助你们树立节俭、个人奋斗的价值观。因为在我看来，钱也会给人带来很多伤害，可以使人堕落，颓废，傲慢，目中无人，等等。这些都会使你们失去很多快乐的时光。我可不能让钱把我的孩子变成靠着父荫挥金如土的纨绔子弟。

人的真正快乐来源于他的创造。而那些只懂得索求，不懂得给予的人，是无法体会到快乐的真谛的。

我相信，世界上任何一个人都对高贵、快乐的生活十分向往。但是，真正知道高贵、快乐的生活来自哪里的人少之又少。依我看，高贵、快乐的生活并非来源于高贵的血统和高贵的生活方式，而是来源于自立这种高贵的品格。这个世界上，但凡有着自立品格的人，多是受到人们尊敬和有着无限魅力的高贵之人。

约翰，我会关注你的任何一个举动。但我对你更有无限的信心，因为我相信，你具备比任何财富都更有价值的优秀品格，这些都会帮助你获得大好的前程，过上充实而成功的生活。

但是，你也要铭记在心：起点对结果有影响，但一定不起决定性作用。能力、性格、经验、运气、抱负、态度和野心等，都会对你的人生和事业可能企及的高度产生重大影响。

你的人生才刚刚起步，但要做好打一场硬仗的准备。我深深地相信，你肯定能成为人生的赢家。但是，你也要记得，每个人都对胜利有渴望，只有下定决心和不断为之付出努力的人，才能赢得最终的胜利。

亲爱的儿子，寻找到自己的路，上帝就会帮你！

爱你的父亲

第四封

天堂和地狱，不过一念之间

亲爱的约翰：

我要给你讲一个含义深刻，也让我感慨良多的寓言。

在古老的欧洲，一个快死的人发现了一个美妙且可以完全放松享受的地方。他一到这个地方，就有一个侍从走上前来说道：“先生，您有什么吩咐吗？在这片乐土上，您可以拥有和享用一切，包括美味佳肴，各种娱乐、消遣，甚至是妙龄的美女，只要您愿意，都可以享用。”

这个人一边暗自窃喜，一边惊奇道：“这就是我想要的梦想呀！”于是，他就开始一整天吃吃喝喝，享用任何美女。但是，过了不久，有一天他突然觉得这一切都索然无味。于是，他就叫来侍者说：“我有些开始厌倦这里的一切了，能给我找一份工作，让我有事情可做吗？”万万没想到的是，那位侍者摇着头说：“对不起，先生，我们这里唯一不能给您提供的就是工作机会。”

这个人听了之后，又懊恼又沮丧，挥着手大声嚷道："这糟糕透了！还不如让我留在地狱呢！"侍者温和地说："您以为现在您在什么地方呢？"

亲爱的儿子，这个寓言故事似乎在以幽默的方式告诫我们：没有工作就没有快乐。然而，大多数人都是等到失业之后，才能够真正体会其中的道理，真是不幸！

我可以骄傲地说，我没有失业过。因为我不认为工作就是没有任何乐趣的苦差事，比较幸运的是，我能够从我的工作中得到很多的快乐。

在我看来，工作不仅仅是维持生活的手段，还是所有生意和事业的基础。工作也是所有繁荣的源泉，是天才的塑造者。工作会使年轻人抛开家庭的因素，努力奋斗，做更多的事情。

工作价值会以自己存储在银行的钞票直接体现出来，并且帮助年轻人创造美好的幸福生活。工作还可以为生命增添更多的乐趣。你必须热爱自己的工作，工作才能带给你更大的恩惠和回报。

刚开始做生意时，我经常听到有人说，一个人想要成功，必须做出很多牺牲。但是，随着阅历的增加，我开始意识到，那些真正事业成功的人，并非是在"付出代价"。他们之所以努力奋斗，是因为他们深深热爱自己的工作。无论在哪个行业，取得成功的人肯定是专心致志、认真做自己喜欢的工作的人。

热爱工作是一种信仰。有了信仰，即使是大山，我们也可以将它凿成一块希望的磐石。正如一位画家所说："痛苦终将过去，但是美丽永存。"

然而，有些人还是不够聪明，有野心却不好好工作，总是对现有的工作挑三拣四，一直渴望获得一份完美的工作。可实际情况是，老板都喜欢认真工作、诚实、上进的员工，也会把升迁和加薪的机会预留给那些努力、对工作忠诚、愿意耗费更多时间在工作上的人。因为，老板不是慈善家，他需要经营公司，需要盈利，更需要能为他带来更大价值的员工。

一个人就算有天大的野心，也要先行动，梦想才能够一步步实现。只要肯开始，继续前进就比较容易了。工作越是不顺利，越要立马行动。假如遇到工作难题就拖延，那么问题会变得更加棘手。这就像是打枪，瞄准的时间越长，越不容易射击。

我永远都会记得我当簿记员时的那段时光。那是我第一份工作，虽然每天天刚亮就要去上班，办公室还十分黑暗，但是我从来不觉得我的那份工作单调无聊。这份工作反而让我很开心、很着迷，甚至是办公室的一些繁琐小事，也丝毫没有影响到我工作的热情。正是这一点，老板连续给我涨了好几次薪水。

收入不是工作的全部。当你把自己该做的工作做好的时候，就不愁没有理想的薪水。更重要的是，你辛苦工作的最高回报并不是薪水和收获，而是因为这份工作，你会成为什么。

那些聪明人努力工作绝不仅仅是为了赚钱，让他们能够饱含热情去工作的是一种更为高尚的认知，那就是他们所从事的工作是一份事业，并且非常迷人。

说老实话，我从小就梦想成为有钱人。休伊特－塔特尔公司主要是销售各种代理商品，同时还经营着一家铁矿。我能在这家公司工作，对我来说是锻炼能力、发挥潜力的一个很好的平台。

此外，铁路和电报也是该公司赖以生存的两项重要技术。在这个公司，我开始接触到商业，开始学会尊重事实和数据，也从中发现了运输业的无限潜能，更加培养了我成为一名商人所具备的各种能力和品质。可以说，正是由于在休伊特－塔特尔公司的工作，才使我以后的事业少走了很多弯路。

现在，每当想起这家公司的创建者休伊特和塔特尔两位先生时，我总是充满了无限的感激之情。那三年半的职业生涯为我一生的事业奠定了基础，我永远对这份曾经拥有的工作充满感恩。

所以，我从来不会抱怨老板说：“我们受到高高在上的老板的压榨。他们在美丽的别墅里尽情享乐，保险柜里的无数黄金都是压榨我们工人的劳动所得来的，我们活生生就是老板的奴隶！”

我不知道这些发牢骚的人是否换位思考过：究竟谁给你提供了工作机会，谁让你有了解决生存问题的资本？谁让你有了发展的可能性？假如你认为给老板工作是在遭受压榨，那么为什么不辞职呢？

工作是一种态度，决定着我们是快乐还是烦恼。就像同样是在雕塑石像的石匠，假如你问他们：“你在这儿做什么？”其中一个人会说：“你看到了嘛，我正在凿石头，早做完我就能早回家。”这样的人将工作看作是一种惩罚，会觉得又苦又累。另一个人可能会说：“你看到了呀，我在做雕像。这份工作又苦又累，但是又不得不做，因为毕竟工资还算高，可以解决我太太和四个孩子的温饱问题。”这样回答的人，仅仅将工作视为糊口的工具，是一份沉重的负担。第三个人可能会停下手中的活儿，自豪地指着石雕说：“瞧，我正在做一件艺术品。”这样的人善于从工作中得到乐趣，将工作视为自己的事业，认为非常有意义。

天堂和地狱都由自己创造。假如你认为工作是有意义的，那么无论工作大小、成绩高低，你都会从中得到无穷的乐趣。假如你不喜欢工作，那么任何简单的事情都会变得非常困难和没有意义。

当你整天喊着工作辛苦的时候，即使这个工作本身并不累，即使你并没有为此花费多大的力气，你还是会感到疲惫不堪；反之亦然。

亲爱的儿子，假如你将工作看作是一种乐趣，那么人生就是天堂；假如你将工作看作是一种义务，那么人生就是地狱。

审视一下你目前的工作态度，会让我们都感到愉快。

爱你的父亲

第五封

立刻行动起来

亲爱的约翰：

智者说的话我总是会牢记在心。有位智者说得好："教育包括很多方面，但是它本身不教你任何一个方面。"这位智者告诉我们一个真理：假如你没有行动，哪怕世界上最美丽、最实用的哲学在你那里也没法实践。

我总是坚信，机遇是靠机会得来的。无论多么完美的构想，总是会有缺憾。哪怕是再普通不过的计划，假如得到执行并且逐步发展，都会比半途而废的好计划要好很多。因为，前者总是在进步中，并且坚持执行；后者却半途而废。

因此，我认为，成功没有诀窍可言。想要在人生中获得成功，有卓越超群的智慧和才艺当然很好；假如没有的话，就必须通过积极主动的实践，你才会离成功越来越近。

可惜的是，大多数人总是不吸取这个经验教训，结果成了平庸者。仔细观察那些平庸者，你就会发现，他们总是说得比做得多，是被动生活着。而且，他们几乎每个人都很会找各种各样的借口来拖延，直到最后他们证明这件事本不应该去做，或者没有能力去做，或者来不及去做。

我好像比这些人聪明和狡猾了很多。盖茨先生吹捧我是一个积极主动做事的行动派。我自己也很高兴听到这样的吹捧，因为我确实做到了他所说的。

积极行动就是我的一个标签，我很反感纸上谈兵，光说不练。因为在我看来，不行动就不会有结果，世界上没有哪件事情是光想不做就能够完成的。人生在世，只要活着，就得考虑行动。

大多数人认为，没有智慧基础的知识毫无用处，但更令人懊恼的是，就算有知识和智慧，假如不行动，一切也只是纸上谈兵。行动和充分准备可以看作是事物的两面。人生要在这一点上掌握好度。做了充分的准备却不行动，那么就是浪费时间。

也就是说，做事要把握好度。如果总是详细地计划和演练，却迟迟不肯付出行动，那么即使计划得再完美，我们也无法对最后的解决方案做出精准的预测。

我当然认可计划的重要性，因为它是获得正面结果的基础。但是，计划不等同于行动，也没有办法替代行动。这就好像打高尔夫球，假如没有打过第一洞，就没办法到达第二洞。

行动解决一切，决定一切。只有行动，才会有结果。不管怎样，我们都买不到万无一失的保险，但是，我们可以做到下决心去将我们的计划付诸实践。

缺乏行动的人通常都不善于改变，总喜欢安于现状，这是一个很不好的习惯。在我看来，这种坏习惯带有深深的欺骗性和自我毁灭性。因为，世界上的万事万物都在变化，正如人的生命也要经历生死变化一样。

但是，由于内心对未来的担忧和恐惧，多数人拒绝改变，哪怕现状再不好，也不愿意做出改变。那些本来可以有所作为但却碌碌一生的人，是不值得别人同情的。

诚然，一个人在做决定的时候，心里多少会充满不确定感、担忧和恐惧，都要面临犹豫和选择。但是，“行动派”会很快下定决心，克服重重困难，想各种办法达成自己的目标。而缺乏行动的人往往都是顺其自然，等着事情发生。他们很天真地认为，别人会把他们的事情当成一回事。可实际上，人们大多只对自己感兴趣的人和事比较关心，对其他则不大上心。

举个例子，假如在一桩买卖中，我们越是知道会从中获益很多，就越是会积极主动。因为这桩生意的成功与否，跟别人关系不大，可是关系到自己的利益。在这种情况下，我们最好积极主动地促成这桩买卖，假如只是一味地等待、退缩，坐等机会上门的话，那么结果十有八九会使人痛苦。

只有靠自己，你才能更好地掌控自己的人生，不至于陷入失望。智者只会尽力去促成事情发生。在人生中，最让人觉得沮丧的是：想了很多，结果一想到要做成这件事的步骤很多，耗费的时间很多，就懈怠了，最终导致一事无成。

我们必须承认，每个人在人生短暂的时间内都无法做完所有想做的事情。智者知道，并非任何行动都会带来积极的结果，而只有明智的行动才会使结果变得更有价值和意义。因此，聪明人只会用心地做那些会取得有意义结果的工作，会做那些能最大化完成目标的工作。所以聪明人在相对的时间内的贡献总是最有价值的，并且能获得更为丰厚的回报。

想要吃掉一头大象需要一口一口来，这和做事是一样的道理。总想做完所有的事，结果只能是让机会白白溜掉。洛克菲勒对紧急事件采取不公平待遇，这一直都是我的座右铭。

大多数人都将自己变成了一个被动者，总是等到万事俱备的时候才开始行动。但是，人生的机会往往是稍纵即逝的，没有万事俱备这一说。

被动者常常会一生碌碌无为，正是由于他们非要等到所有事情都万无一失的时候才肯去行动，这恰恰是傻瓜的行为。我们必须相信现在手上掌握的就是最佳的机会，必须向生命妥协，才能够克服行动前的傻傻等待，才不会变成一个被动者。

我们追求完美，然而，世间的所有事情都不会是十全十美的。等到万事俱备才开始行动，那只能永远处于等待的状态，白白将机会让给别人。那些非要等到万事俱备才肯开始行动的人，永远也无法离开家。

想成为“我现在就去做”的那种人，就必须停止一切幻想，从现在开始就立马行动起来。因为，“明天”、“下周”、“将来”这些词和“永远不可能做到”的意思是一样的。

每个人都曾有缺乏自信的时候，尤其是在困境中，更容易怀疑自己的能力。然而，真正通晓行动真谛的人，会用顽强的意志战胜自卑，告诉自己任何人都会犯错和遇到挫折。假如败得一塌糊涂，也会安慰自己，就算是在行动之前做了再多的准备和计划，等到真正行动的时候，还是会避免不了这样或那样的失误。

但是，被动的人不会将失败看作是学习和成长的绝佳机遇，反而总是在告诫自己：也许真的是我能力不行。结果失去了积极参与和重新行动的勇气。

大多数人都相信心想事成，而我却觉得它是个谎言。好想法随时都可能有，但是有想法只是行动的第一步，接下来经过准备、计划，就要将想法付诸实践。在这个世界上，有想法的人非常多，但是，懂得将一个好想法成功地付诸实践比在家空想出很多好主意要更有价值的人却比较少。

人们判断你是否有能力，不是看你有多少想法，而是看你的行动。人们都对脚踏实地的人非常信任和认可，因为这个人有想法，并敢说敢做，也一定会知道如何做到最好。我还没有听说过，不打扰别人的人、不付诸实践的人、等别人指示才做事的人，会受到赞扬。

那些能够在商界、政府和军队中叱咤风云的人物，都是积极主动、踏实肯干的人。那些只知道站在一旁观看的人，永远不可能成为领导。

其实，积极主动者和被动者都是受习惯驱使的。习惯就像是绳索，每一天我们编织一点，就会得到相当结实的绳索。

习惯的绳索要么带领我们到达巅峰，要么跌落谷底，这主要是由习惯的好坏来决定的。坏习惯非常容易养成，但会使我们陷入失败之境；好习惯很难养成，但要维持下去却比较简单。

要用积极主动的心态来培养立马就做的好习惯，戒掉懒散的坏习惯，做个积极主动的人。要敢想、敢干，不要等万事俱备才去行动，要知道天底下没有任何事是百分百完美的。立刻行动的习惯，不需要智慧或者是一些技巧，只要踏实肯干、勤奋耕耘，那么好习惯一定会让你的生活绽放出光彩。

亲爱的儿子，人生处处是战场，为了取得胜利，你必须行动，再行动！只有这样，你的安全才能够得到保障。

祝圣诞节快乐！我想这封信是最好的圣诞礼物了。

爱你的父亲

第六封

幸运之神更青睐勇者

亲爱的约翰：

几天前，你的姐姐塞迪异常兴奋地告诉我，她遇到了幸运之神，说她持有的股票非常“听她的话”，帮她赚了非常多的钱。

我想现在塞迪肯定高兴得不得了。但是，我不希望她被钱弄得昏了头脑，我告诉她，做事不能仅凭运气，小心它会抛弃你。

几乎所有功成名就的人都会告诫世人：人不能靠运气生活，特别是不能靠运气来建功立业。但是，有意思的是，很多人非常相信运气，我认为他们是误将机会当成了运气。没有机会，就不会有运气。

亲爱的儿子，想一想你所碰到的那些幸运分子，大多都不是温良恭俭让的人，他们总是充满自信，非常大胆，相信天下无难事。这里面有一个“鸡生蛋、蛋生鸡”的问题：幸运的人到底是因为幸运才自信和大胆呢，还是由于他们自信和大胆，所以幸运才降临到他们头上呢？我比较赞同后者的说法。

幸运之神格外青睐勇敢的人，这是我一生信奉的格言。胜利绝非只属于强者，那些勇往直前、无所畏惧、小心谨慎、生气勃勃的人，获得胜利的概率也非常大。

当然，也有人认为，谨慎比勇敢更能获得胜利。但是勇敢和大胆比起谨慎而言，更能吸引人们的目光，获得人们的赞赏，这些是懦弱无法比拟的。

我从来没有见过反对自信、果敢的人，每个人都是自信、果敢的人的坚决拥护者。人们被这些人身上的特质所深深吸引，渴望自信、果敢的人充当领导。所以，勇敢的人比较容易获得快速升迁，担任领导、指挥者和总裁，事业上也会获得成功。

以往的经验告诉我，自信、果敢的人拥有强大的吸引力，能够完成最好的交易，结成最强有力的盟约。而胆小犹豫的人却很难担此重任。除此之外，大胆的想法对自己也很有好处。有自信的人会根据自己的目标来部署计划，直到最终达成目标。

当然，这样做不是一定就能够成功，但是能很自然地推导出对成功的展望。也就是说，你认为自己是赢家，行为就真的表现为一个赢家的样子；假如你的行为像个赢家，那么就很有可能去做更多赢家才会做的事情，如此一来，自然就有了所谓的“运气”。

真正勇敢的人并不是桀骜不驯的狂妄之辈，也不是毫无头脑的冒失鬼。勇者善于利用预测和判断来详细地计划和做决定，就好像军师一样，会让你觉得信心倍增，立刻觉得有了很强的优势，可以打败你的对手。这不由地让我想起大约十几年前，我大胆买下莱玛油区的事。

在此之前，石油界无时无刻不在恐惧原油枯竭所带来的灾难，就连我的助手也开始担心地悄悄卖掉公司的股票，对石油业的信心越来越少。有些人甚至建议公司早点从石油业转行到别的更加稳定的行业中去，否则面临的损失会越来越严重。

作为领导，面对这种悲观的氛围一定不能唉声叹气，而是要让员工看到希望。于是，我告诉处于恐慌中的人们：上帝会赐予我们一切。

直到在俄亥俄州莱玛镇发现了石油，我觉得上帝又一次眷顾了我。只是莱玛的石油含着一种臭味，用之前的方法根本去除不掉，这又使得刚刚燃起一丝希望的人们深受打击。但我却对莱玛油田很有信心，我甚至认为，只要我们独占了莱玛，我们就有机会控制整个石油市场。

机会来了，我郑重地对公司的董事说："这个机会太难得了，我要把钱投到莱玛去啦！"但是，很可惜的是，我的意见没有得到董事会里胆小的人的同意。

我不喜欢强加于人，我希望通过心平气和的讨论来让大家都能够听从我的建议。

那次的等待时间非常长，且没有任何结果。我非常担心：我们创建的全球规模的巨型炼油厂，像一个嗷嗷待哺的婴儿一样，渴望着源源不断的原油，但是我们在宾州的油田正在走下坡路，一些小油田已经逐渐减产，再这样下去，我们就只能靠俄罗斯的原油供给来维持了。

这样的话，毫无疑问，俄国人一定会借此对油田加强控制，并趁机削弱我们的实力，直到逼我们撤出欧洲市场。但是，只要有了莱玛的石油资源，我们就不会出现上面这样的情况，就还是赢家。别再等待了，是时候该行动啦！

和我估计的一模一样，董事会上的保守派依然说“不”。但是，我用让反对者震惊的方法征服了他们，我说：“先生们，假如不想让我们的这艘巨轮沉下去，就必须有原油的不断供应。现在，莱玛的地下石油正是我们所需要的，它会给我们带来难以估计的大笔财富。看在上帝的分上，请相信那有臭味的液体会帮我们赢得市场。我相信上帝赐予我们这些都是有意义的，我相信科学能够帮助我们打消顾虑。所以，我决定用自己的钱来投资，并且这两年的风险由我个人来承担。假如两年以后我成功了，公司要把钱还给我；假如失败了，那造成的损失由我自己承担。”

我的决心与诚意使最反对我的普拉特先生大为感动，他含着眼泪激动地说：“约翰，你说服我了。既然你觉得你做的是对的，那么我和你一起干！你能冒这个险，我也能！”荣辱与共、共同进退的合作精神是我们越来越强大的精神支撑。

我们成功了。我们竭尽所能将大笔的资金投到莱玛，而得到的回报更是难以想象，整个美国的最大原油生产基地被我们所垄断。而在莱玛获得的成功又更加使我们充满活力，开始在石油业展开了大规模的收购。结果正如预期的一样，我们在石油业成为所向披靡的超级舰队，有着绝对的统治权和领导力。

亲爱的儿子，态度对运气的创造来说很重要，而这些机会和运气就源于你自己的选择。假如你百分之五十一的时间做的都是正确的事，那么你一定会成功。

这是我对幸运最深切的体验。

爱你的父亲

第七封

别害怕借贷

亲爱的约翰：

我可以理解你用从我这得来的钱去买股票的时候，总是不安的原因。因为你害怕把那些不属于你的钱给输掉，而且还不得不为这些钱支付利息，所以你特别想赢。

无论在我刚开始创业的时候，还是在有了一定成绩之后，这种输不起的感受都一直束缚着我，致使每当我要借钱的时候，都会在冒险和谨慎之间苦苦徘徊挣扎、辗转难眠，只要一躺下就在算计着如何还款的事情。

经常听到有人说，喜欢冒险的人经常失败。当我这种恐惧失败的感觉过去之后，我总是重新振作精神，再去借钱。实际上，为了前进，我找不到其他出路，只得去银行贷款。

儿子，呈现在我们眼前的，常常是能够巧妙化解难题的大好机会。借钱并不是什么坏事，也不会让你倾家荡产。只要你不是拿它当作救命稻草，只是在不得已的时候才会使用，那么它就可以成为你开创机会的一种利器。否则的话，你就会被不安、恐惧和失败所包围，被这种恐惧感束缚住你的双臂，使你无法施展自己的才华，最终碌碌无为。

在我认识和熟知的有钱人里面，仅仅靠自己的积蓄最终发达的人非常少，大多数人都是因借钱而发财。这其中的道理很简单，一块钱的买卖肯定不如一百块钱的买卖获得的利润高。

赢得财富也好，赢得人生也罢，在竞技中，优秀的人不会有“输了我该怎么办”的顾虑，只会想着要成功我应该做些什么。

借钱的目的是为了创造好运气。假如把一块土地抵押就能有很多的钱，足以让我再占领更大的一块土地，我会立即抓住这个难得的机遇。在克里夫兰时，我为了增强实力，取得克里夫兰炼油界第一领导者的地位，很多次都欠下了巨额的债务，甚至还把自己的公司抵押给了银行，但是，最终我获得了震撼人心的成就。

儿子，人的一生和抵押脱离不了干系——为前途抵押青春，为幸福抵押生命。假如你害怕逼近底线，你就输了。为了最终的成功，我们抵押冒险，难道不值得吗？

谈到抵押，我想告诉你的是，当我从银行贷了大笔的钱时，我抵押出去的不仅仅是我的企业，还有我的诚实。我会严格遵守合约，认为契约关系神圣不可侵犯，所以我从来不拖欠债务。

我对任何人，不论是银行家、投资人、顾客，还是敌人，都是以诚相待，无论和谁都不讲假话，也不会捏造事实和顾左右而言他。我相信，在阳光下，谎言会无处藏身。

以诚相待得到的回报非常大。我曾经在克里夫兰遇到一次次的危机，都是了解我品质的银行家们将我从中拯救了出来。

我到现在还记忆犹新。有一天，我的一个炼油厂突然失火，损失非常大。但是保险公司却迟迟不能赔付，而我又急需这笔钱来重建企业。所以，我只好向银行追加贷款。那天去银行贷款的场景至今仍让我情绪激动，难以忘怀。很多目光短浅的银行家认为炼油业是个高风险行业，所以许多人都不愿意给这个行业提供贷款，而且我的炼油厂又是刚刚失火，什么都没有了。所以，有些银行董事对我追加贷款的事情就考虑再三，迟迟不肯放贷给我。

就在这紧要的时刻，善良的斯蒂尔曼先生让一名职员拿来了他自己的保险箱，然后向其他董事大手一挥，说道："先生们，请听我说几句，洛克菲勒先生和他的合伙人都非常有想法，非常优秀。假如他们想追加贷款，我恳请各位不要有顾虑。假如你想要保险些，这里就有，随便拿。"我用自己的诚实赢得了银行家的信服。

儿子，诚实不仅仅是一种态度、方法，也是一种策略。因为我付出了诚实，所以赢得了更多人的认可。也正是因为如此，我才得以渡过难关，继续我的快速成功之路。

现在，我不需要向任何一家银行求助，因为我就是我自己的银行，但我还是很感谢那些曾经在困难的时候帮助过我的银行家们。

你以后可能会管理企业，但必须知道的是，经营企业的目的就是要赚更多的钱。不仅扩大企业规模可以赚钱，而且巧妙地运用金钱和管理也能够赚钱。

假如你只关注一种赚钱方法而对另一种视而不见，就会失败；最糟糕的情况就是财务崩溃，比较好的情况就是失去了很多的良机。

管理和运用金钱跟决心赚钱是有区别的，它们有着各自的信念。想要管理和运用金钱，就不能只是关注管理和策略。

上帝体现在细节中。假如你对这些细节视而不见，或者说跳过了细节，将这种所谓的“杂事”交给别人干，那么就等同于对你事业经营的一大半重要责任视若无睹。

细节永远不会阻挡热情，你要记得，成功的做法是：战术和战略。

亲爱的儿子，你正驶向成功的彼岸，这是你的奋斗目标，所以你要勇敢，再勇敢。

爱你的父亲

第八封

永远要信心百倍

亲爱的约翰：

你最近的情绪比较低落，这让我有些难过。我能深切地感受到，你还在为那笔赔了一百万的投资耿耿于怀，整日忧心忡忡。其实，这没什么的，一次失败并不代表你就是个失败者和无能者。

儿子，开心点儿。在这个世界上，每个人都不会拥有一帆风顺的人生，常常要经受各种各样的失败。也正是因为人生会经历这些失败和挫折，才使得成功令人艳羡，人们甚至会不惜代价地去追逐。但即便是这样，该失败的时候还是会失败。

我们的命运也是一样的。只是我们不能和平庸之人为伍，而要把失败看作是一杯烈酒，吞咽的是苦涩，吐出来的是精神。

在我自信满满地踏入商界的时候，我希望上帝保佑我能创办一家新公司，但是到来的却是一场灾难性的风暴。当时，我们订购了一大批豆子，打算狠狠赚一把。结果没想到，一场突如其来的打击将我们的美梦击得粉碎，到货的豆子有一大半被无良的供货商掺杂了沙粒、豆叶和豆秸，这给我们的生意带来了致命的打击。

但我很清楚地意识到，我不能沉浸在悲痛和失败中无法自拔，这样我就永远不可能实现我的梦想了。

天下没有免费的午餐。假如维持现状，那就是倒退，只有做出决定和冒险，才能够不断前进。那笔生意失败之后，我又不得已再次向我父亲借钱。而且，我想要生意更好一些，就对我的合伙人克拉克先生说，我们必须利用报纸广告等媒介不断宣传自己，让那些潜在客户通过这些渠道知道我们可以供应大量的农产品，并且可以提供预付款。

结果，胆识和勤奋使得我们的生意非但没有被“豆子事件”所影响，反而帮我们赚到了一大笔钱。

每个人对失败都厌恶透顶，但是，假如害怕失败就不去做事，那么长久下去就会懒惰无为，这对于人生简直就是一场可怕的灾难。因为这就表示人很有可能丢失原本的机遇。

儿子，机会来之不易，人们凭借机会变得富有和成功，你看看那些穷人，他们并非无能之辈，也并非不勤奋努力，往往是没有得到机会的垂青。你要知道，在这个弱肉强食的年代，你总逃不过“吃人”和“被人吃”这两种命运。规避风险就等于是保证破产；而你抓住了一个机会，就相当于别人失去了一个机会。

害怕失败就畏缩不前，就势必会丢失摆在眼前的机会。因此，亲爱的儿子，为了抓住稍纵即逝的机遇，保住竞争的优势，我们付出的失败和挫折都是值得的！

失败是通往成功的基石。我今天之所以有这样的成功，是因为不断地跌倒再爬起，爬起再跌倒，是在失败中崛起的。我善于从失败中总结经验教训，用有创意的方式来开创新的领域，因此，我是一个聪明的“失败者”。

所以在我看来，失败只要不是件经常的事，就算不上是坏事。

我的座右铭是：无论经受怎样的失败和挫折，人要永远坚强、坚毅、充满活力，这是我唯一能做且正确的事情。我自己非常清楚，什么事情能让自己开心，什么东西值得用毕生去追求。

最终的梦想就像是清洁工手中的扫把，会将你成功路上的障碍一一扫除。亲爱的儿子，你的最终梦想是什么？只要你坚持到底，成功必将到来。

乐观的人善于在苦难中寻找机遇，悲观的人却在机会中寻找苦难。儿子，下面这个成功公式你一定要深深记得：

梦想+失败+挑战=成功。

当然，失败的杀伤力是巨大的，足以让人萎靡不振，丧失战斗力和意志。但最重要的是你将失败视为什么。

托马斯·爱迪生是一位天才发明家，他总共做了一万多次试验，才最终让电灯照亮了摩根先生的整个办公室，对他而言，失败正是成功的试验田。

十年前，《纽约太阳报》一位年轻、少不更事的记者采访他时问道："爱迪生先生，您现在的发明曾经经历了一万次的失败，您对这些有什么看法？"爱迪生很讨厌提到"失败"一词，于是，他便以长者的口吻对那名记者说道："年轻人，你的人生才刚刚开始，所以我要告诉你一个很重要的思想，我并没有失败过一万次，而是发明了一万次行不通的方法。"足见精神的力量之巨大。

亲爱的儿子，一旦你的精神被击垮，你就将失去所有。你要知道，人的事业就好像是浪潮，总有高低起伏。假如你踏上浪尖，那么一帆风顺；假如你错失这个机会，就会在浅滩上和无尽的悲哀中困惑终生。

失败是一种学习经历，你可以把它变做一块墓碑，你也能够把它变做一块踏板。

只有挑战才能够成功，千万不能因为一次失败就萎靡不振，只有战胜自己，你才是最大的成功者！

我对你信心百倍。

爱你的父亲

第九封

利益是人性最好的投射

亲爱的约翰：

心情好点了没？假如还没有，我觉得你可能需要了解下这些。

你要知道，在这个世界上，我们多数人会受到一种神奇力量的驾驭，并且它能够将我们的人性赤裸裸地暴露出来，并且很公正地将我们区分为纯洁与肮脏两种人，使得我们无论多么善于雄辩，都在它面前显得毫无意义，它就是人性的试金石：利益。

也就是说，利益是人性最好的投射，一切关乎道德、伦理的事物都在它的面前将原形展露无遗。也许你觉得我说得过于绝对，然而我的个人经历就是最好的见证。

我甚至可以断定，在这个世界上，除神之外，人人都在追逐利益。自从人际交往开始，人生牟利的游戏就在人与人之间展开。在这场游戏中，每个人，甚至你自己，都可以是你的敌人。你需要和他人，和自己的弱点作战，并且坚决抵制那些将快乐建立在你痛苦之上的人和事。

儿子，请别误会，给你展示这些，并不是说世界就是令人厌恶和压抑的灰色地带。相反，我对友谊、善良、真诚和一切美好的情感总是非常渴求，并且坚信它们一定存在。但遗憾的是，我没法在名利场中得到这种满足感，还要时不时被出卖和被欺骗。一直到现在，我还清楚地记得每次被欺骗的过程，真是刻骨铭心啊！

还记得最让我受打击的一次是在克利夫兰的被骗经历。那个时候，炼油业由于供大于求而利润微薄，很多炼油商已经面临破产的危险。而且，克里夫兰远离油田，这就代表着，比起那些处在油田的炼油厂而言，我们还要支付高额的长途运输费。于是，我下定决心要扭转这种局面，开始大规模收购快要倒闭的炼油厂，然后形成一股强大的合力，让每个人都能够从中赚到钱。

我对那些面临破产的炼油厂主说明了在克里夫兰的不利地位，并且鼓励他们为保护共同的利益要做出一些事情来。我觉得我的计划很好，所以建议他们认真想一想。假如感兴趣，欢迎随时和我协商。基于这种善良的愿望和战略上的考量，我买下了在当时看来毫无价值的一个工厂。

但是，他们其中有些人却自私和忘恩负义，一拿到我的钱就开始和我作对，并且毫无顾忌地撕毁和我的合约，用变废为宝赚到的钱重新购置大批设备，重操旧业，并且公开敲诈我，非要我买下他们的工厂不可。

这些人当初在求我收购他们的工厂的时候，都要求我开个好价钱，出于诚实守信，我都一一做到了。但是，他们却出尔反尔。那一刻，我痛心到了极点，备受打击，甚至怀疑自己是不是要奸诈一些、伪善一些才好，否则也不会落到一筹莫展的境地。

最让我无法接受的是，在利益竞争中，朋友会变成敌人。这种情况却经常出现，我的两位教友就曾多次没有原则、底线地欺骗我。看在上帝的分上，我不想一一阐述他们的罪行了。但是，我必须告诉你，当知道我被骗的那一刻，我非常吃惊，甚至想不明白，为何和我一起缔结盟约，虔诚发誓，并且决心抛却个人私欲和贪婪的人，竟是如此的卑鄙！

在经历了种种欺骗与谎言之后，我告诉自己：你只有靠自己，才不至于上当受骗。这种与世界为敌的想法很不好。但是，我也很无奈，因为这个世界存在着太多的欺骗，我们必须时时提防才能够更好地生存。

儿子，命运赐予我们的不单单是失望之酒，还有机会之杯，振作起来！在华尔街发生的那件事，没有什么关系，只是你过于相信别人所带来的困惑罢了。

但是，你要记得，好马是不会在同一个地方跌倒两次的。

爱你的父亲

第十封

运气并非从天而降

亲爱的约翰：

有些人会因为自身独一无二的才能而成为熠熠闪耀的王者或伟人。比如，老麦考密克先生头脑里经常有着各种聪明的想法，可以将收割机变成收割钞票的镰刀。

在我看来，老麦考密克先生是位野心勃勃、有着极强商业头脑、名副其实的实业巨子。他用收割机解放了美国农民的同时，也使自己步入了全美最富有者的行列。法国人很崇拜他，将他称为“对世界最有贡献的人”，足见他在法国人民心目中的地位。

哦，对他来说，这真是一个意想不到的收获。他原本仅仅是个制作普通农具的商人，但如今却成了商界奇才。他有过这样一句名言：“运气是设计的残余物质。”这句话听起来比较深奥。它的意思到底是什么呢？是说运气是策划的结果，还是说运气是策划后所剩余的东西呢？

凭我的经验，这两种都是有可能的。也就是说，运气是由我们自己创造的，我们的行动不会将运气完全抹杀，运气能够帮助我们摆脱策划中所遇到的难题。

麦考密克正是发现了运气的真谛，所以有了接踵而来的好运气。因此，我对麦考密克的收割机能在全球畅销这一点，并没有感到惊奇。

但是，在这个世界上，像麦考密克先生这样能够策划运气的人并不多，而且能够正视运气的人也非常少。

在平凡人的眼中，运气就是一种天生拥有的东西。一旦发现有人在职场上很容易就能升迁，在商场上能够叱咤风云，或在某一个领域成为专家，有些人就会以一种不屑一顾的表情和口吻说道："他是运气好，才会这么成功！"这种人永远不可能看到一个真理，那就是：每个人都可以改变命运，都是命运的规划者和设计师。

但是，想要成功不能只是等着运气从天而降。在我看来，人不能只靠天赐的运气生活，而是要凭借策划运气来取得成就。我相信策划的好坏会对运气起到决定性作用。我在石油界展开的变竞争为合作的计划就是最好的证明。

在这个计划还没有实施之前，炼油商们都是各自为营、自私自利，结果引发了一场毁灭性竞争。这种竞争使消费者从中获益不少，但却对炼油商造成了灭顶之灾。那个时候，油价连年下跌，炼油商们各个亏本经营，都面临着破产的危险。

我很清楚地知道，想要在这个行业继续赚钱，就必须遵从这个行业的规则，理性地处理各种事情。我将其看作是一个很难做到的计划，因为我想把所有炼油的业务都由自己来管理，这个计划确实很难实现。

约翰，要想在追逐利益的商场上获胜，自己首先要勤于思考，谨慎从事，这样才能够成为一名好猎手，能够准确地捕捉到商场上一切潜在的危险和机会，而且还能够透过这些研究出各种对策。

我对自己的实力做了综合评估，并且对当时的形势进行了彻底研究，最终决定，将克里夫兰作为我的第一战场，开始发起统治石油工业的运动。

等到打败二十多家竞争者之后，我再迅速开辟第二战场，然后打败第二战场上遇到的敌手，这样就可以确立石油业的新秩序。

这和战场上的指挥官一样，想要击中什么样的目标，就要先选择最有效的武器。要想成功地实现将石油业统一由我来管理的计划，就需要足够多的钱去将那些生产过剩的炼油厂统统买下来。

但在当时，我手上并没有那么多的资金。为此，我创建了股份公司，然后，寻找更多的投资者来支持。没过多久，我就在俄亥俄州凭借百万资产注册成立了标准石油公司，到了第二年，资本就增长了三倍多。

然而，什么时间是行动的最佳时机，却是要认真考虑的。有远见的商人总是擅长从每次的失败和危机中寻找一线生机，我也是这样的。

在开始收购炼油厂之前，石油业非常混乱和衰败，克利夫兰百分之九十的炼油商已经在艰难度日，只能卖掉厂子来减少损失了。这个时候，恰恰是收购对手的绝佳时机。

在这个时候开始大规模收购，看起来好像不太道德，但这和良知根本没有关系。企业就像是战场，企业目标就是要实现自己利益的最大化。

在这种企业目标和战略的影响之下，我首先收购的不是名不见经传的小公司，而是实力最强大的对手——克拉克－佩恩公司。这家公司在当地非常有名，而且企图收购我的明星炼油厂。

但在他们还未开始行动之前，我却先于对手一步开始收购。我主动和克拉克－佩恩公司最大的股东奥利弗·佩恩见了一面，他和我在中学时就很熟识了。

我告诉他，石油业这种混乱、不景气的状态就要结束了，为了使整个行业的工人不至于家破人亡，我想要成立一个高绩效且规模庞大的石油公司，并邀请他也加入进来。我以这个充满风险和希望的计划说服了佩恩，最终以四十万美元的价格收购了这家公司。

我很清楚，克拉克－佩恩公司根本不值四十万美元，但是，我还是这么做了。在我看来，只要我收购了克拉克－佩恩公司，就表示我将成为世界上最大的炼油商，而且可以迅速将克利夫兰的炼油商集合起来，成为一股更加强大的力量。

这一招果然很管用。还不到两个月的时间，我就顺利收购了二十二家竞争对手，并且成了此次收购战的大赢家。

在以后的三年里，我又趁机不断扩充自己的实力，拿下了费城、匹兹堡、巴尔的摩的炼油商，最终成为全美国唯一的炼油业主宰者。

回过头来看看，我真是运气太好了！假如当时我只是怪命运对我的不公平而自怨自艾，那么，我不可能有今天的成绩。但是，我策划了我的运气。世界上任何事都会发生，唯独不会有天上掉馅饼的事情发生。

我瞧不上那些墨守成规、随波逐流的人。他们的大脑被错误的思想所禁锢，认为可以保全自身就是一种运气。

约翰，你要知道，要想好运不断，就必须有所计划。有了好的计划，就会有好的设计；有了好的设计，就一定能给你带来好运气。

你必须清楚，好的设计构思总是基于两点：首先，对自己想要做的事情、达到的目标和打算成为怎样的人有清楚的认识；其次，知道自己能力的大小，人脉关系，拥有的地位和财富等资源。

这两个基本要素没有所谓的先后顺序。你可以先有想法和目标，然后再寻找能够实现这些目标和想法的资源；也可以将它们混合，生发出更多的组合方式。

举个例子，你想要实现某个目标，获得某些资源，必须先创造出一些资源，或者先拥有一些资源和目标，然后，根据这些资源和目标来适当地调整和分配。

当你参照资源调整了目标，或者参照目标对资源进行调整以后，就会形成一个基础性的东西。根据这个可以展开设计构思，然后花时间不断去调试方法和步骤，那么，好运气自然会来到。

亲爱的儿子，你要记得，策划运气也就等同于在设计人生。因此，在你等待运气到来的时候，就要对运气加以策划。勇敢地尝试吧！

爱你的父亲

第十一封

要有竞争的决心

亲爱的约翰：

昨晚得知本森先生去世了，我特别难过，这真是个坏消息。

本森先生虽然是我强大的竞争对手之一，但是也是我衷心佩服和尊重的人之一：他是那么意志坚强，举止优雅，才华出众。

直到现在，我还清楚地记得，我们缔结盟约之后，他开玩笑地对我说："洛克菲勒先生，假如我败给那些精明的、利欲熏心的对手，我会非常痛苦。但是，您恰恰是一个完美的，同时又非常强势的掠夺者，假如败给您这样遵守规则的人，无论输赢，都会让人身心愉悦。"

这话放在当时，我完全听不出来本森是在夸我还是在恭维我。于是，我对他说："本森先生，假如你说我是个征服者，我会更加开心。"他笑了。

我对那些大敌当前、临危不惧的人有着无比的敬佩，本森先生正是这样的人。在我和本森成为竞争对手之前，我已经成功收购了宾州铁路公司——号称全美最大的铁路公司。同时，我还赢了巴尔的摩-俄亥俄铁路公司——号称全美第四大的大型铁路公司。

这样一来，伊利铁路公司、纽约中央铁路公司和全美四大铁路公司都被我成功收购了。

除此之外，标准石油公司还有着对油井和铁路干线所有主要输油线的绝对控制权。毫不夸张地说，在当时，石油行业涉及的各个环节和过程，包括采油、炼油、输油等，我都拥有绝对的话语权，对整个市场也有绝对的掌控权。

我可以让人一夜暴富，也可以让人瞬间沦为乞丐。即便如此，本森先生却不将这些放在眼里。

本森先生有着伟大的抱负，他想要架起一条从布拉德福德油田到威廉斯波特的输油管道，试图帮助那些被我掌控而无法自由发挥的独立石油生产商们。当然，他这样做的最大动力是想要从中获益。

这条输油管线连接宾州东北部与西部，铺设的速度相当惊人，这使我不得不去注意它。亲爱的儿子，每场竞争都来势凶猛，必须在深思熟虑之后，才能做出决定。否则，顷刻间你就输了。

我必须想尽办法来解决本森先生给我带来的麻烦。刚开始的时候，我的应对方法显得有些愚笨：我花了高额的代价，将一块沿宾州州界由北向南的狭长土地买了下来，企图以此来切断本森铺设输油管线的计划。

但没想到的是，本森竟然绕开了这块狭长地带，继续铺设。这个举动让周边的农民瞬间富裕了起来，我却变成了无所作为的地主。

为此，我不得已要求铁路公司强行命令所有输油管道都不能跨越他们的铁路。但更没想到的是，本森竟然也用了这种方法，结果他又成功了。最后，我只能靠政府的力量来打压他，没想到我失败了，却让本森成了英雄。

至此，我明白了，我遇到的这个竞争对手太强大了，但这也丝毫不能使我退出这场争夺。因为，假如我放任那条一百一十英里的管道源源不断地运送原油到纽约去，那么要不了多久，本森就会成为纽约炼油业的新统治者，而我将不能再控制布拉德福德油田了。这件事情我肯定不允许发生。

当然，我也不是想完全断了他们的后路，我真正想干的事是花很低的成本就能够让本森他们不胡来，不搞坏我好不容易才建立起来的市场新秩序，以此来使我对石油业的统治更加稳固。

石油业绝对是我产业的生命线，因此，当本森的计划就要开始的时候，我试图打破这个局面，提出要购买他们的股票，但是遭到了无情的拒绝。

这种行为一下子激怒了我和很多同行。掌管公司管道运输业务的奥戴先生，决定用暴力手段对本森这帮不知天高地厚的家伙进行惩罚。但是，我非常讨厌这种卑劣的做法，觉得动用武力是无能的人才会干的事情。因此，我对奥戴说："快把你那个愚蠢的想法收起来吧。我就没想过我会输，即便是输，也要堂堂正正。"

假如有人在背后使坏还幸运地没被抓住，那么他肯定会夺得竞争优势。但是，这种不道德的丑陋行为会让他颜面无存，甚至可能触犯法律。而且，任何的坑蒙拐骗都没有办法使企业得到长远的发展，只会将企业陷入不仁不义的境地，使其未来的发展越来越受限，直至完全退出这个行业。

所以，我们必须讲规矩和原则，因为规矩是关系得以开展和延续的前提，而关系会使企业获得长久的发展。好的交易会循环往复，创造出更多的好交易。否则的话，我们的好日子也就到头了。

我的本性是争强好胜的，我喜欢打败对手。但是，我要堂堂正正而体面地赢得胜利，坚决不会弄虚作假。就在本森骄傲自得，享受成功的喜悦之时，我开始向他发起了猛攻，这使他意想不到，难以招架。

我和储油罐生产商签订了大量订单，并且要求他们必须在保证质量和生产的前提下按时交货。这就使他们没有办法再理会包括本森在内的其他小客户。采油商没有储油罐，就没法装载和运输他们开采出来的原油。这样一来，本森先生就会叫苦连连了。

同时，我为了把大批依靠本森提供原油的炼油商统统变成我的客户，大幅度地降低了管道运输价格。而在进行这个动作之前，我事先就收购了纽约的几家炼油厂，省得他们和本森结为联盟。

明智的指挥官会集中火力攻陷他们想要的碉堡，而从来不攻打和他们的目的无关的碉堡。我的每一个反击措施都打到了本森先生的痛处，使得他无力还击。最终，我赢了这场战争。

本森在那条号称全美最长的输油管道建成投入使用还不到一年的时候，就主动要求和我和解。我很清楚，他们是不得已才这么做。但是，他们心里也很明白，假如再和我作对下去，会败得一塌糊涂。

亲爱的儿子，每一场竞争都对命运有着至关重要的影响。“后退就是投降！后退就会沦为奴隶！”假如没办法阻止战争，那就勇敢地迎战！

人生在世，竞争时时刻刻都在发生。我们没办法阻止竞争的发生，唯一能做的就是让自己变得更坚强，在欣然迎接各种挑战和竞争的同时，保持乐观的情绪，否则就会让事情变得越来越糟。

你要保持高度的警惕心，这是你赢得竞争的关键。竞争的开始往往以对手想方设法地压制你为标志。这个时候，你要清楚地知道自己掌握的东西，要暂时抛开温情和友善，然后动用一切资源和技巧来赢得这场竞争。

当然，除了保持高度的警惕心之外，还要有勇气和实力，这是赢得胜利的又一关键要素。

人不能仅仅依靠拐杖，而是要靠自己强健有力的双脚来立足于社会。假如你的双脚还不够强健，那么你就要不断地训练、强化它们，而不是自暴自弃，或者干脆认输。

这一点，我想已经去世的本森先生也会赞同的。

爱你的父亲

第十二封

化侮辱为动力

亲爱的约翰：

你和摩根先生谈判时展现出的勇气，让我和你母亲感到万分惊讶和喜悦。

我们没想到，你在面对那个骄傲自得的华尔街最富有的银行业巨头时，竟然那么落落大方、举止优雅、语言得体，并且彻底征服了他。真是要感谢上帝，我们为能有你这样出色的儿子而感到骄傲。

在信中，你说摩根先生对你没有礼貌，十分粗鲁，总是找时机想要侮辱你。我思考了之后，觉得你的想法是对的。他是想要借助侮辱你来达到打击报复我的目的。

你知道，摩根这次想要和我结盟并不是心甘情愿的，因为我俩都心知肚明，彼此谁都不喜欢谁。但是他担心我对他构成威胁，所以提出要与我结盟。我看不惯他那趾高气扬、骄傲无礼的神情，估计他一看到我也会很不舒服。

但是，不可否认的是，摩根确实有经商天赋。他知道华尔街对我不足以构成威慑，也不害怕我对他造成威胁。他心里很清楚，想要统治整个美国钢铁业，只能选择和我合作，否则，就会有一场血雨腥风的竞争在等着他。

摩根先生善于思考和执行。他也知道，想要成功，就必须摒除固有的偏见以及妄自尊大。因此，虽然摩根先生非常不愿意和我有任何交集，但是为了成功，他还是向我发出邀请，询问我是否能在标准石油公司总裁办公室和他见面。

谈判中能坚持到最后的那个人肯定会有收获。我对摩根说："我已经退休了，假如可以，我们可以在我的家中见面。"这样一来，他就有些降低身份，但他还是如约来了。

可令他万万没想到的是，当我们谈到具体问题的时候，我回答他："很抱歉，摩根先生，我退休了，这笔生意您可以和我的儿子约翰谈谈。"

是个人都会看出来，我这是对他的轻蔑，但是他却没有生气，只是说希望你能去他在华尔街的办公室谈。我同意了他的提议。

报复他人其实是在攻击自己，摩根先生好像并不懂这个道理。结果他为了报复我给他带来的耻辱，对你傲慢无礼，结果反而被你给制服了。但是，尽管我的公然侮辱使摩根先生大为恼怒，他还是为了达到目标而忍气吞声，这点令我很佩服。

亲爱的儿子，我们这个社会处处讲究尊严和地位，当一个自视甚高的人受到了侮辱，后果是无法想象的。但是，在大部分的时间里，无论是谁，哪怕是美利坚合众国总统，也没办法阻止来自他人的侮辱。

那要怎么办呢？是要怒火中烧，不惜一切代价誓死捍卫自己的尊严呢，还是大事化小，小事化了，大度处之呢？又或者是找其他办法来报复呢？

你可能还记得，我到现在还留有我中学时候的同学合影。但是，那张合影里面没有我，都是一些有钱人家的孩子。这么多年过去了，我还保存着它，更保存着拍这张照片时的所有记忆和心情。

那是在一天下午，天气晴朗，老师对我们说，有位摄影师要来拍学生上课的照片。对于我这么一个穷人家的孩子而言，照相太奢侈了，尽管以前曾照过，次数也少得可怜。

所以，摄影师刚出现在教室，我头脑中已经开始幻想如何能让自己在照片中显得英俊一点、自然一点，该怎么站位，怎么摆姿势，甚至想到一放学就飞奔回家把这个喜讯告诉母亲：“妈妈，我照相了，专业摄影师拍的，可好啦！”

我用渴望而愉悦的眼神一直盯着那位正在取景的摄影师，希望赶紧出现在他的镜头中。但是，接下来发生的事情令我失望至极。

那个摄影师是个完美主义者，他直起弯着的腰身，然后用手指着我说："老师，能让那位学生不拍照吗？他穿得太寒酸了。"

老师听从了摄影师的建议，命令我离开自己的座位。我当时非常弱小而且很听话，只是默默站起来，然后走出镜头，好让那些穿着整齐的富人家的孩子美美地拍照。

在那一刻，我感到无地自容。但是，我既没有发脾气，也没有自怨自艾，更没有暗地里抱怨我的父母为什么没有给我提供好的生活环境。实际上，为了我能受到更好的教育，他们已经付出全部了。

看着摄影师拍照的场面，我握紧拳头暗暗发誓：总有一天，我要成为全世界最有钱的人，摄影师照相算什么，我要让全世界最有名的画家给我画像，等着瞧吧！

亲爱的儿子，如今，我早已实现了当时的誓言！在我眼里，侮辱已经不是将我的尊严摧残得一丝不剩的利刃，而是一种更为强大的动力，催促着我奋发图强，坚持不懈地去实现自己的梦想。

你也可以说，正是当年那个摄影师一句不经意的话语，才使得我这个不起眼的穷孩子成了全世界上最有钱的人。

每个人都会有被人尊敬，赢得掌声和赞许的时候。这些是对我们的人品、性格、功劳、成就等的认可；当然，每个人也都会有被人侮辱的时候，除非是有人故意为之，否则，在我看来，我们遭受侮辱正是因为我们的能力还不足以达到令人尊重和佩服的程度。

所以说，蒙受耻辱本身也许并没有想象中那么坏。假如你冷静反思，或许能够发现，有时候，侮辱就是测量一个人能力的一把尺子。我就是这么做的。

任何不起眼的侮辱都会给人带来莫大的伤害。但是，尊严不是天上掉下来的，是要靠自己的能力去创造的。尊严就是衡量你能力的一把标尺，每个人的尊严都来自于自己，也只属于自己。你认为你有尊严，就有尊严。

所以，假如有人使你蒙冤受辱，你必须做出反击，必须誓死捍卫你的尊严，这样才不会受到来自别人的伤害。

亲爱的儿子，你与自身的关系是其他所有关系的基础和开端。当你认可自己，并能够与自己和平共处的时候，你就成为了自身最忠诚的伴侣。这个时候，你才能够淡定自若。

爱你的父亲

第十三封

用实力征服对手

亲爱的约翰：

今天晚上，我和调解人亨利·弗里克先生见了个面。我说："我想我的儿子已经告诉过摩根先生了，我不着急卖掉联合矿业公司。但是也像您所猜测的，我也乐意建立更有价值的企业。但是，我很反感买家坐地砍价，价格远远低于我们的预期，我宁可对抗到底也不会做这样的生意。"我请弗里克先生将我的这番话转告给摩根先生。

约翰，尽管你不喜欢摩根先生，但按照现在的局面来看，你还是得同摩根先生继续有来往。因此，我要告诉你一些方法，好让那个傲慢无礼的家伙知道该怎样合作。

儿子，在这个世界上，有很多人都不十分清楚自己到底要做什么。其实，无论你是在经营房地产、石油业、钢铁业或加工制造业，还是在做总裁或员工，你都是在一个特定的行业内跟人打交道。

谈判也是一样的道理，与你竞争的不是生意，而是做生意的这个人！

因此，如果想在竞争中获胜，就必须对自己和对手有足够的了解。你要知道，在竞争的时候，必须做好充足的准备。知己知彼，方能百战不殆。假如你已经有了明显的优势，那么你还必须知道以下几点：

首先，整体环境：目前市场行情如何，哪些景气，哪些萧条。

其次，你拥有的资源：明确你的优势和劣势，以及你目前掌控的资本。

此外还有，对手的情况：对手的资产情况，对手的优势和劣势。在任何竞争中，都要对对手的情况有足够的了解和掌握。

然后，是你的目标、态度：有句名言叫作“人贵自知”。也就是说，你要很清楚自己做一件事的目的是什么，想要多久实现，打算付出多少努力，是坚信自己会成功，还是犹疑不决，等等。

约翰，你要牢记这句话：你必须自信，越是自信，越会变得积极乐观，就越容易成功。

最后，是对手的目标、态度：对对手的目标要做出正确判断，还要设法了解对手内心深处的想法。

毋庸置疑的是，对对手的情况和目标了如指掌是最难的，但是你也要努力去做。那些伟大的军事家多数都会想方设法去了解对方将领的性格、爱好、习惯等等，以此来预测对手可能设定的目标和做出的反应。

在任何竞争中，假如对对手非常了解，那么就可以对其行动和目标有大致的预测，往往比较容易获得竞争的主动权。

主动应变、防患于未然肯定会比被动应付要有效果得多。古语中常说，预防比治疗要更加妥当，就是这个意思。

有时候，你的竞争对手恰恰是你的熟人，那么你就要充分利用这一点。假如他非常谨慎，那么你最好也多留点心；假如你了解到他比较冲动，那么你也要适当地放大步子，否则很有可能败得很惨。

但是，并不是说你非要和你的竞争对手很熟悉才能了解他们的性格和做事方式。假如你足够细心，那么仅仅是在谈判的时候，通过对方的一言一行，你就可以从中发现很多有价值的线索。

你甚至不需要在决定行动的时候才开始去了解对手。人只要开口说话，就会多多少少祖露他们的心迹。有些人试图掩藏自己的内心，但是只要开口，总会泄露一些线索。一个人只要做出选择，就是祖露自己心迹的开始。谈判的时候，你必须时刻保持清醒，只有掌控自己所说的话，才能够掌控局势，为自己带来优势。

同样的道理，你要随时保持谨慎之心，才能够在听闻对方的任何风吹草动之后，第一时间做出有利于自己的选择和决定。假如做不到这一点，那么你很有可能错失良机。

有一点你必须清楚，假如在一场激烈的谈判中没有取得胜利，那么，下次赢得谈判的几率就会大大降低。

交易的关键在于，哪些可以交易，哪些不能交易。摩根先生把我们看作是墙角旮旯里的残渣，想要把我们扫出去，但是我们坚决不同意。这个原则没法改变，不但没有可商量的余地，而且他还必须给我们一个好价钱。

但是，你也必须清楚，生意场上，不能总想把所有的钱都赚完，还要容许别人也赚一些。

约翰，你必须清楚，我们愿意和他们做这笔生意的前提是，假如这笔生意谈成的话，我们会从中受益更多。这个原则必须坚持。但是，你也不必受到这个原则的限制而缩手缩脚。

大多数所谓的“聪明人”总是想用最低的价格买到好东西，这是典型的捡便宜的心理。这一次，摩根先生的报价就比我们的实际价格低了很多。假如他只是想做生意，那么，他就会因此而错失成为美国钢铁行业统治者的机会。交易的真正目的是交换价值——你想要的和他想要的来做个交换。

想要做一笔好生意，就必须充分认识到你持有商品的价值，并且强调它的价值。但是，有太多的人仅仅强调的是商品的价格而非其真正的价值，因此会说："这真的是最便宜了，再没有这么低廉的了。"

约翰，你和摩根先生谈判的时候，要注意千万不要先提价格，而是要提它的价值，然后充分强调他能够从你这里获得的好处。

我相信，通过自身的努力和奋斗，人们就会实现自己想要的、更美好的生活。祝你好运！

爱你的父亲

第十四封

在合作中实现获利和共赢

亲爱的约翰：

你与摩根先生终于决定合作，这是美国经济史上伟大的一幕，后人一定会铭记你们握手的瞬间的。

正像《华尔街日报》中所写的：它代表“由华尔街大亨和石油大亨共同打造的超级战舰已经出航，将势不可挡，永不沉没”。

约翰，这正是合作力量的彰显。

在妄自尊大的人看来，合作就意味着低头和示弱，是件不光彩的事情。但是，我却认为，假如合作对我有利，那么，这无疑是最明智的选择。现在，我就要告诉你这样一个事实：

如果说，我今天获得的伟大事业并不是上帝恩赐的，那么，我可以将我的成功归功于三大力量的扶持：按照规律和原则办事，可以使企业获得永久的生命；残酷而真实的竞争，可以使自己在竞争中不断完善自身；在合作中实现获利和共赢。

而我总是能够打败竞争者的要诀就在于，我擅长和别人合作。在我成就伟业的每个关键点上，都能够看到我和别人合作共赢的画面。因为，从我步入社会那一刻起，我就知道，哪里有竞争，哪里就会有合作。假如只是孤军奋战，那么就一定会灭亡。有智慧的人会借助与他人甚至是竞争者的合作来不断壮大自己的实力。

当然，假设我们和摩根先生不合作，那么我们双方一定会斗得你死我活，而这样的结果正是我们共同的敌人——卡内基先生所乐意看到的。

他会坐收渔人之利，从而最终成为钢铁行业独一无二的统治者。然而，如今的卡内基先生一定会气急败坏。你想想看，假如不是个死人，哪个人会在被竞争者不断蚕食的时候还淡定如故呢?

合作不但可以打压竞争者，还可以促使自己不断走向国际化。也就是说，合作的目的并不一定就是为了成功。但是，比较可惜的是，很多人不清楚这个道理。

合作和友谊、爱情、婚姻差得远了，它的目的不是获取情感，而是为了获得利益。我们肯定都知道，成功离不开与他人的合作，我们必须借助与他人的合作来让自己的梦想成为现实。

当然，我觉得和生意合作者最后变成朋友也没有什么不妥。而且我认为，在生意上建立的友谊远比建立在友谊上的生意要好得多。

就拿我和亨利·弗拉格勒先生的合作来说吧。亨利是我生意上不可多得的合作伙伴，也是我一辈子的知己。通过我们的合作，我得到的不仅仅是利益，还有灵魂上的默契和心灵上的相互扶持。

亨利的性格很像我，非常有抱负，但从不骄矜自满。现如今，我还能回忆起我们合作的日子。

那个时候，我们俩几乎形影不离，出去吃饭和睡觉无时无刻不在一起，一起工作，一起探讨，一起上下班，一起制订计划，为彼此鼓劲儿、打气。现在回忆起来，那段日子就好像度蜜月一样，非常开心和愉快。

现在，虽然已经过去了几十年，我们还是亲如兄弟，这份情感是用金钱换不来的。这也是我一直让你喊他亨利叔叔而不要喊亨利先生的重要原因。

友谊是无价的，所以我从不奢望可以买卖友谊。友谊绝对需要真情来维系。我和亨利之所以可以成为莫逆之交，不仅仅是因为我们是很好的合作者，有着共同的理想和追求，更为重要的是，我们都对自己要求很高，知道“己所不欲，勿施于人”，也知道将心比心的道理，并且知道从即刻做起的重要意义。

“己所不欲，勿施于人”是我的行为准则，也是我的合作态度。因此，我愿意和合作者促膝长谈，彼此交心，而不愿意仗着钱财来欺凌和压制他们。这样一来，我们之间的合作会毁于一旦，而且离目标也会越来越远。

当然，假如遇到的合作者非常傲慢无礼，那我也不会给他好脸色看。就像我和纽约中央铁路公司的老板范德比尔特先生合作的时候，就曾经教训过他。

范德比尔特仗着自己出身名门，而且在南北战争中立过战功，有将军头衔，就把这些当作资本不停地加以炫耀和放大，而且以为拥有了运输大权，就可以将我们这些人都当成为他打工的小弟。

记得有一次，亨利想和他谈关于运输的事，没想到他竟然毫无礼貌地说："年轻人，你军阶这么低，竟然想和我谈？"亨利在那一刻感觉受到了奇耻大辱，还好他没有失态，但等他转身回到自己办公室的时候，生气地摔碎了他的笔筒。

我看到这个情景，赶紧劝慰道："亨利，忘了那家伙的话吧，我发誓一定为你报仇。"后来，范德比尔特想要和我们合作，就邀请我们去他那儿谈判，结果我让人告诉他："可以，但你必须来我们办公室。"

结果，这位受惯了别人吹捧和示好的将军，只能自降身份来和我们两个比他小了四十多岁的年轻人谈判，还要尽量满足我们的要求。在那种情境下，范德比尔特将军一定明白了：当你身处高位的时候，不要太过嚣张，因为你走下坡路的时候说不定还会遇到你曾羞辱过的人。

我非常讨厌对人粗暴的人，我想温和地、有耐心地对待他人，对丁实现我们的目标来说，这样可能更有帮助。

用钱的确可以吸引来人才，但却买不到人心。但是，假如给人才很好的待遇的同时，还给他们一份尊重，我相信，他们会忠诚地为我做事。这就是我管理有方的秘诀所在。

我虽然说了这么多，但也希望你不要误解，以为合作就是做好人。不，事情绝对不是这样的。

合作和做好人是两码事，合作和好处、利益是有密切关联的。合作的目的是为了更好地获得利益，所以，世上没有永久的合作。当环境改变的时候，合作方式和方法就必须调整，不然就注定失败。

现实很残酷，你必须更加严肃地对待，但这和你当个好人并不矛盾。

约翰，斗争和竞争是生命的本质，能够震慑人心。但是，当它们演变为冲突和矛盾的时候，往往就会带来灾难和毁灭。这个时候，你要学会妥当地化解它们。

爱你的父亲

第十五封

不要让小人拖累你

亲爱的约翰：

我想你也能感觉到，你在结交了一些朋友之后，思想和认识开始有了改变。我当然很乐意你扩大自己的朋友圈，因为它不仅能够帮你拓宽视野，增加生活情趣，而且可以帮你找到人生知己，实现自己的理想。

然而，并不是所有人都值得你交往，像那些卑劣、虚伪的人，就尽量不要纳入你的朋友圈。

我还年轻的时候，就从不和两种人打交道。

第一种是随遇而安、安于现状的人。他们生来自卑感强烈，觉得自己没有创造事业的能力和运气。他们甘愿在一个稳定的职业上年复一年地按部就班。他们也渴望有一份充满挑战的工作来展示自己的才华，施展自己的抱负。然而，现实中太多的阻碍，使他们最终相信自己不是干大事的料。

聪明的人绝不会任由命运摆布。但是，这种人就总是会慨叹时运不济、命运不公，从而贬低自己，认为自己没有能力、没有价值，进而失去了奋斗冲刺的动力，任由消极思想充斥着心田。

第二种人是不畏困难、全力奋斗的人。他们渴望功成名就，也为将来能功成名就而做着各种各样的准备和计划。然而，随着岁月的流逝，工作上的阻力不断加大，当为了向上爬升需要花费更多的时间和努力的时候，他们会转而衡量这样做到底值不值得。最终泄气，变得颓废不堪。

他们也会给自己宽慰：“我们的生活已经比别人好了很多，赚钱也很多，干吗还要冒险呢？”实际上，这样的人已经被生活消磨了斗志，变得畏惧，贪图安逸，害怕失去和发生意外。他们虽然不满足，但是已经对生活妥协。这种人虽然有才华，却因为害怕挑战和冒险而只能碌碌无为。

这两种人都被一种极其可怕的、极具传染力的思想所左右，那就是消极。

在我看来，一个人的朋友，以及他的交往圈子，在很大程度上影响了他的性格和抱负，身份和地位。

和消极的人交朋友，自己也会跟着消极起来；总和小人物做朋友，就会不自觉地滋生很多卑微的陋习。反过来讲，假如经常和大人物交流，那么你的思想境界也会跟着提升；假如和有着雄心抱负的人交朋友，久而久之，你也会有了野心和实现梦想的行动。

我喜欢和不肯向命运低头和妥协的人做朋友。有个智者曾经说过："我要勇敢地向恶劣的逆境宣战，因为这是通向成功的必经之途。"但是这样的人太少了。

这样的人从来不相信命运，也绝不会用悲观和消极来面对生活中的一切。他们以获得成就作为自己的生活追求，绝不允许自己平庸地度过一生。

这种人大多数都开朗、乐观、积极，很容易成为某个领域内的成功人士。因为他们有明确的目标，懂得生命的可贵和享受人生。他们也喜欢新鲜的感觉，以和不同的人打交道来丰富自己的生活和人生。

我相信每个人都希望成为这样的人，因为他们是真正有着自己的目标并且努力为之付出的人，他们最有可能获得成功。

然而，遗憾的是，这个世界上消极的人太多了，也使很多人受到消极思想的影响而碌碌无为。

生活在我们周围的每个人都是有差别的。有的积极乐观，有的就消极保守。在我曾经的同事中，有人就想着混混日子算了；有人就有着远大的抱负、十足的干劲，他们总是以最好的工作业绩来为自己赢得更好的机会。他们明白，想要成为成功人士，就必须先跟成功人士接触和学习。

想要有所作为，就一定要避开各式各样的陷阱或者圈套。在这个世界上的任何一个角落，都有明知自己搞不定，却还要想方设法阻止你前进的人。很多人因为工作积极、力争好的表现而被别的同事孤立、嘲笑，甚至是吓唬。还有些人一旦看到你勤奋努力就嫉妒得要死，巴不得想各种方法来拆你的台，让你不好过。

对于这些无聊透顶的人，我们没办法阻止，但是却可以让自己不受到这些消极因素的影响。你要把那些消极的思想自动屏蔽掉，使它们没法左右你的思想。

另外，你要和积极上进的人交朋友，和他们一起探讨和成长。只要你是个思维正常的人，肯定能而且是最好能做到这一点。

有些自身很消极的人，心眼却不坏。但是，也不排除有些消极的人，明明知道自己不上进，却还要想尽办法来阻止别人上进。

所以，你要记得，那些说你办不到的、干不了的人，大多都没什么成绩，也无法有大的作为。这种人的观点对你来说没有任何帮助，不听也罢。

你一定不能把那些说你办不到的人的话当真，而是要把他们所谓的警告和劝诫当成一种挑战，相信自己一定能办得到。

除此之外，你还要对那些本身消极还千方百计破坏你成功的小人格外小心。这种人在现实社会中非常多，他们会阻碍你的成功和进步，也会破坏你的计划。

千万不要被这些没有远见、内心狭隘的人左右你的思想，从而阻止你前进的步伐。那些爱嫉妒、喜欢幸灾乐祸的人总是希望你栽个大跟头，千万不要让他们得逞。

假如你遇到困难，一定要向高手求助。假如你向一个水平很差的人请教，那就像是有病去找了个庸医一样，十分幼稚。千万不要向长舌妇们征求任何意见，因为这些人自己本身就没什么成就，她们的意见只会影响到你的前途。

要像重视食物一样来重视你所处的环境。因为精神健康对人的影响至关重要。要把你所处的环境变得对你的工作和生活十分有利，不要让那些拖累你的环境和人影响到你，使你也变得平庸和消极。

而想要做到这一点，最好的办法就是多和那些成功人士交朋友，远离那些带给你负面情绪的人。

任何事情都要拼尽全力做到最好，因为因小失大所带来的麻烦会使你的负担加重。

爱你的父亲

第十六封

用目标来指导行动

亲爱的约翰：

你能成为标准石油公司的领导人物，不仅仅是你的骄傲，也是我的骄傲。

但是，你必须清楚，你不能仅仅是享受这份光荣，更重要的是担当起你应该承担的责任。不然的话，你会愧对这个荣誉，更会愧对大家对你的期待和信任。

你要记得，你是标准石油公司的中流砥柱，公司事业的发展和你个人的荣辱已经休戚与共。因此，你要对自己高标准、严要求。

实话说，你要想让大家都认可你，承认你的能力，就必须学习更多的东西来胜任这个职位。目前，你要想想自己是否能够胜任这个职位。

每个领导都是带领下属冲破层层艰难险阻的领路人，给下属以希望，做到不辜负大家的期望可不是件容易的事。

无论是哪个领导，都会遇到很多的困难。诸如扑面而来的大量信息，突然发生的事件，做也做不完的工作，投资人、顾客的无礼要求，员工的不满意，挑战性的事件，等等。这些都十分繁琐，会让你非常疲惫，也会经常让你感到焦虑、压力和恐惧，以致使你失去实现梦想的信心，变得不知所措。

但是，比起当一个浑浑噩噩、毫无工作干劲的领导来说，似乎当一个充满斗志和自信的领导更简单些。因为，你只需要调动员工的积极性，让他们心甘情愿地为公司工作就可以。特别需要提醒的是，是心甘情愿而不是迫于无奈。

作为标准石油公司的领导，我既有威信，又能够享受轻松的生活。这一切都是因为我手下的人能够保证完成我交给他的工作，这就让我有了更多空闲的时间。也就是说，我可以有更多的时间和精力去思考公司下一步的发展计划，以及怎样能增加经济收益。

一般情况下，态度决定执行力。我们以什么样的态度来对待一件事，就会采取相应的行为来处理，这样很快就能得出结果。人可以通过改变态度来使人生发生变化，但这一切的前提是，你必须相信你能改变态度。

聪明人选择的态度往往是对自己好的。擅长管理和领导的人，总会扪心自问：以什么样的态度才能够帮助自己实现目标呢？是鼓舞、激励的积极态度，还是同情、抱怨的消极态度？总之，他们一定不会选敌对、冷漠的态度。

假如你认为自己就是一统天下、专制的国王，那么你最终可能会成为下一个法王路易十六。

而我从来不会主动制造矛盾、飞扬跋扈，也不会给自己和员工太大的压力，反而处处鼓励员工，帮助他们形成积极的心态，并且针对他们每个人的特点来给其合适的岗位，以此来实现我的商业目标。

想要做到这一点，你就要懂得通过设立目标来促进员工的行动。

我是一个目标至上的人，从来不肆意夸大我的目标，只是会对目标的功能非常看重。我认为，目标才会真正激发我们的潜能，才会促使我们去行动，才会推动我们去想各种方式和方法。明确的目标会让我们更加坚定。

凭借以往的经验，我认为，一个人的所有行为表现和完成工作的能力，都由他的本质目标所决定，而和他为了实现目标所做的事关系不大。

仔细想一下，并不是非要一个洞挨着一个洞地打过去，才能够最终完成高尔夫比赛。因为，你每打出一杆的目标就是能够尽可能地把球打进洞里。

我做管理和指挥的时候，全靠目标掌舵，目标高于一切。在做事之前，我总是先立下一个目标，然后再设立无数的小目标来帮助最终大目标的实现。

比如，开会目标、谈话目标、计划目标等。在做事之前，我就会不断审视我的目标的可执行性和合理性。当我到公司的时候，已经将所有的准备都做好了。

因此，我内心从来没有发出过这样的声音，比如“没希望”、“没办法”、“很无奈”等等。每一天小目标的实现已经足以将这些声音打败了。

你必须设法主动确定你的目标，否则你就会变得非常被动，没有办法掌控全局，而且会让一些其他的人和事情搅乱你的心绪。

这和一艘游艇解开了缆绳但却忘了将马达发动起来一样，你会被海风、浪涛，或者是其他船只带到任何地方，随波逐流，直至被海水吞噬。除非有奇迹，不然的话，说什么也是不可能到达对岸的。

确立目标和拉动游艇的引擎一样，可以使你朝着目标前进，也可以让你有更多的力量和勇气去实现自己的目标。

然而，确立目标仅仅是一个开始。除此之外，你还必须将你的目标和你的员工开诚布公地分享，包括你的意图、动机和战略计划等。

只要你确定这个人需要对你的目标有所了解，就可以毫无保留地告诉他你的目标。我就是这样做的。无论是在会议、报告，还是在会谈中，我都会先将自己的期望、目标亮出来。这样做的好处会让你倍感震撼。它不仅将你的目标清晰地展示给员工，而且，你的毫无保留，也会使员工对你更加信任。而员工对老板的忠诚和信任，才是做好工作的第一步。

信任和尊重是优秀的领导者都会使出的绝招。当领导者诚恳地将自己的目标告诉员工的时候，员工获得的信息便是："我信任你，所以我告诉你真实的情况。"它将使员工充分信任你，而随之而来的，就是员工的绝对忠诚和他们的卖命工作。信赖别人的同时，也让别人信任我，这就是我取得成功的不二法宝。

将你的目标公开，会避免很多不必要的揣摩。假如你没有告诉员工你的目标，那么他们就会花更多的时间来臆想和猜测。然后再仔细观察你的一言一行，企图从中发现你的目标，但是这种发现的过程很容易走偏。

只有员工对你的目标一清二楚的时候，才能够使其能力和士气得到充分的鼓舞和激励。这么说来，将员工当成"傻瓜"可能更有利。

目标所传达出来的，不仅仅是一种简单的说明，还是领导者的个人勇气和信心。因此，它的力量是巨大的。目标明确，往往会激励员工不断努力和进步，从而使得他们在工作中取得更好的成绩。

领导的本职就是发现问题，而如何将员工的积极性调动起来，使得他们将问题解决，是领导者所要思考的一件很重要的事。在我看来，主动将你的目标告诉员工，热情地善待每个人，就一定能够实现你的期望。

目标就好像钻石一样：它必须真实才会有价值。不诚恳的目标表白会让事情变得更加糟糕。假如一个人做了不诚恳的目标表白，那么他将会失去人与人之间难能可贵的信任。

亲爱的儿子，要记住：善意也可能铺就通往地狱的路。除非你已完全做好了准备，不然的话，这句话很有可能变成真的。必须时刻警醒自己。

爱你的父亲

第十七封

学会屈从和忍耐

亲爱的约翰：

你跟我讲了你退出花旗银行董事会的事，我要谢谢你的信任。我对你的这种做法很理解，你肯定是不能继续忍受他们的某些做法，更不想屈从于他们，觉得和他们十分不合拍。

然而，你的这个决定是对还是错，只有靠时间来验证了。因为，假如你没有主动退出花旗银行董事会的话，也许得到的比失去的要多得多。

我很能理解，屈从会束缚自由，也会使你沦为思想的奴隶。但是，假如你胸怀大志，那么适度的屈从与忍耐却正是你获得成功的一种重要策略。

回忆过去，我屈从过很多次，但也从屈从中得到了很多收获。

刚开始创业的时候，我没有什么钱，我的合伙人克拉克先生就将他以前的同事加德纳先生叫来一起合作共事，我非常乐意并支持。

因为，有了一位富人入伙，就代表我可以有更多的资金来支持我做更多想做的事情。

但是，我没想到的是，克拉克给我们的合作拉来资金的同时，也让我受到了屈辱。他们把洛克菲勒的姓氏从公司名称中删去了，改为了克拉克-加德纳公司，而理由就是加德纳是个有钱人，用他的姓氏命名能带给我们更多的生意。

我一下子就被激怒了！这对我来说简直就是奇耻大辱！按道理说，我才是真正的合伙人，而加德纳只不过是注入了一些资金而已，难道因为他是个有钱的贵族，就可以取代我合伙人的地位吗？但是，我强压住了自己的怒火，告诉自己一定要控制住情绪，冷静再冷静，这才是刚刚开始呢！

我就当作什么都没发生过，然后跟克拉克说："没关系。"这完全是心口不一。你想想，一个人的自尊心受到了这么大的打击，怎么可能当没事发生过一样？但是，很快我就用理智压制了我的满腔怒火，因为我知道，在这种情况下保持理智才是更明智的选择。

忍耐绝非一味地容忍，而是用理性的思考来对局势进行仔细分析，最终使你做的决定不会偏离你的目标太远。假如我对克拉克大声训斥，这样不仅会让自己丢面子，而且也会使我们之间的关系破裂，甚至会终止合作关系，那么我就必须得一切从头开始。这样的结果对我来说是非常不利的。而我们只有团结协作，才能够拧成一股绳，继续扩大我们的事业。这样，我个人的利益也就得到了最好的保障。

我很清楚我的目标，所以，在这之后我就当作什么都没发生过，还是和往常一样，充满热情地埋头苦干。三年之后，我凭借自己的实力将那位奢侈无度的加德纳先生请出了公司，并且重新将公司命名为克拉克-洛克菲勒公司！从那之后，我被人尊称为洛克菲勒先生，并且已经非常有钱。

在我看来，忍耐绝对不是卑躬屈膝，无原则地退让。忍耐是对个人性格和修养的一种磨炼，能够激发人的好胜心。这就是我通过和克拉克先生合作所深深体悟到的。

我崇尚平等，非常反感居高临下向别人发号施令。而克拉克先生总是一副趾高气扬的态势，这让我非常不舒服。他好像很蔑视我，觉得我就是个会记账和管钱的小员工，要不是他“赐”给了我一份工作，我就什么都不是。

这分明是对我自尊和能力的挑衅。但是我却全当不知道，因为，我认为尊重自己才是最重要的。并且，我默默在心里同他宣战：一定要超过他，用我的强大来狠狠打他一记响亮的耳光，这才是对他最好的羞辱。

结果就是，克拉克-洛克菲勒公司永远退出了历史舞台，而取代它的洛克菲勒－安德鲁斯公司正蒸蒸日上，我也因此更加接近亿万富翁的目标。要能忍常人所不能忍之事，才能够成就别人无法成就的事。

无论在何时，冲动都是我们的劲敌。假如忍耐就能化解矛盾和冲突，那么忍耐就是对的。但是，假如总是固执己见，不但对摆脱困境不利，还有可能给自己招致更大的麻烦。

在这一点上，安德鲁斯先生好像不大明白。

安德鲁斯先生是一个不懂商业且自以为是的家伙，而且缺乏经商的雄心壮志，对商业有着极大的偏见。他和我发生矛盾是非常正常的一件事。

最终，我们因为公司给股东发红利的事情，关系彻底破裂。那一年，公司业绩很好，赚了些钱，我想把这些赚到的钱的一半用来分给股东们，一半用来扩大经营规模。但是，安德鲁斯却断然不同意，要求我必须把所有的钱都分给股东。而且他还威胁我，说他不想再干了。

他的这个要求已经影响到了公司的继续发展，所以，我只好让他给自己手里持有的公司股票开个价码，然后就可以走人。他当时要价一百万美元，我毫不犹豫地答应了，第二天就给他兑现了一百万美元。

安德鲁斯拿着这一百万美元开心极了，因为在他看来，他手里的股票根本不值一百万，他认为自己捡到了大便宜。可万万没想到的是，我很快一倒手，他转卖给我的这些股票就帮我多赚了三十万美元。这事被安德鲁斯知道了，他竟然骂我是个卑鄙小人。

我可不想因为三十万美元就给人留下话柄，所以让人告诉他，安德鲁斯可以以原价收回那些股票。但是，安德鲁斯被愤怒冲昏了头脑，竟然拒绝了我。他绝不会想到，正是那次拒绝让他和全美巨富的头衔失之交臂。

假如他接受我的好意，收回那一百万美元的股票，且保存到今天，那么他就是千万富翁了。但正是因为一时的愤怒，他错失了这次难得的机遇。

约翰，这个世界上有很多需要我们忍耐的人和事，也有许多让我们冲昏头脑的人和事。因此，你要学会控制和管理自己的情绪，不要被情绪左右你正确的判断力，而是要清楚地知道自己的目标，以此来作为自己行动的指南。

你还要知道，机遇是可遇不可求的。每个人一生中遇到机遇的情况少得可怜，一旦遇到，一定要想尽办法抓住这个机遇，也要防止机遇被别人抢走。

你要记得，时刻注意忍耐，因为它能给予你机遇、成功和快乐。

爱你的父亲

第十八封

信念最可贵

亲爱的约翰：

你的想法没错，奇迹的确要靠雄才大略的智慧才能够实现。但是，在现实生活中，能够创造奇迹的人可谓凤毛麟角，大多人最终都会成为平庸之辈。

值得思考的是，每个人都想有所成就，都想得到这世界上最美好的东西；每个人都希望不用巴结任何人，就可以将自己的日子过得丰富多彩；每个人都希望自己能够有才华，而且这一切都是自然而然就能够实现的。

难道我们果真没有雄才大略吗？事实并非如此！

在《圣经》里面就已经有所记载：最实用的成功智慧就是“坚定不移的信心足可移山”。然而，为什么还会出现如此多的失败者呢？那就是因为，真正相信自己拥有这种智慧的人太少，因此很多人就懒于去做。

很多人都觉得《圣经》中的那句话纯属胡说，根本行不通。我认为，这些自暴自弃的人通常会犯一个共同的错误，就是他们将信心错当成“希望”。

的确如此，我们是无法用“希望”移动眼前的高山，无法用“希望”顺利获得成功，也无法用“希望”顺利拥有荣华富贵的。

然而，信心却可以帮助我们移动眼前的山丘。也就是说，只要相信，我们就能成功。

在你看来，也许我过于绝对，无限夸大了信心的威力，其实不然！信心会产生“我确实能做到”的态度，然后，这种态度就能够创造出相应的技巧和能力。然后，当你认为“我能做到”时，自然就会思考解决的方法，那么也就离成功不远了。这就是信心的厉害之处。

任何人都“希望”有一天能够功成名就，享受成功的果实和喜悦。然而，大多数人都缺乏这样的信心和决心，所以最终也无法达到最高阶层。他们也不相信自己能够到达顶层，所以也就不去寻找到达顶层的办法，因此水平也就无法提升，一直碌碌无为。

然而，有那么一小部分人坚信他们总有一天会成功。于是，抱着“我就要登上巅峰”的心态来积极工作，然后从中找到解决问题的方法，最终靠着坚定的信心和毅力达到了最顶层。

我就是这么一小部分人中的一个。在我还很穷的时候，我就坚信，自己总有一天会成为世界上最有钱的人，正是这种自信激励着我想尽各种办法来达到顶峰。最终，我成功达到了石油王国的顶端。

我不认为“失败是成功之母”这句话是对的，我只相信：信心是成功之父。

胜利和失败都是一种习惯，假如你想获得成功，前提就是必须不断地胜利。一次性胜利是没什么作用的，必须是不间断地胜利才能够帮你达到最高峰。信心使我成功的欲望和动力都成倍地增长。

任何伟大的事业、书籍、剧本和科学创新等的前提，都是因为人们相信会有一个成功的结局。相信会成功是那些成功人士所必须具备的素养。然而，失败者却恰恰缺少了这一项。

我曾和很多生意失败的人交谈，从他们口中会听到各种借口和失败的理由。在谈话的时候，他们会不经意地说：“实话讲，我认为它行不通。”“我刚开始的时候就感觉不太对。”“实际上，这事失败也在我意料之中。”

抱着这种“我试试看，但我觉得不会成功”的心态来做事，一定会失败。因为这种“不信”是十分消极的念头，它会给你提供一万个理由来证明你心中的疑虑。而这些疑虑就是你“不信”的理由。

失败的主要原因就是不自信，潜意识里觉得要失败，认为不可能成功，等等。心中有疑虑，就肯定不会成功；心中有信念，就一定会成功。

信心的大小和成就的大小成正比。那些混日子、碌碌无为的人，会认为自己干不成什么大事，所以他们只能获得很少的劳动报酬来糊口。他们认为自己干不成大事，结果就真的碌碌无为。他们认为自己不重要，结果他们做的任何事情都被人忽视。长此以往，他们连日常的言行举止都显得十分自卑。

假如他们一直不自信，就会对自己的评价越来越低，直到最后觉得自己一文不值。而他们对自己的看法，也会影响到别人对他们的看法。久而久之，他们只会被众人忽视和鄙夷。

那些积极乐观、敢于拼搏的人，坚信自己有更大的价值，于是他们获得了更高的酬劳。他们坚信自己能够胜任困难，结果就真的做到了。他在做每一件事情的时候所显示出来的风度、谈吐、思想和待人接物的方式，都让人觉得他非常优秀，绝对有实力能够出色地完成这件事情。

信心就是能够不断鼓舞和激励我，让我正视生活和理想，让我不断追逐自己的梦想，并为之不懈努力。无论在什么时候，我都会保持自己的信心。

我绝不让失败的念头占据我的思想。当我遇到挫折和困难的时候，我会告诉自己“我会赢”，“我绝对不会输”。当我与别人竞争的时候，我会告诉自己“我跟他们一样好”，“我和他们一样优秀”。当机遇出现的时候，我会告诉自己“我能做到”。

在通往成功的路上，每个人首先经历的，且必须经历的第一个步骤，就是要对自己有信心，相信自己肯定会成功。要让“我会成功”这种积极的态度和想法来支配你的思想和决定。

成功的信念，会使你更加自信地去制订获得成功的计划；而失败的想法所起到的作用则恰好相反，只要这种念头一滋生，失败的可能性就很大。

我时不时地提醒自己：你比你想象中的还要优秀。成功人士并不是超人，他们没有超乎寻常的智力和运气，也没有什么独特的方式和方法。成功人士只是对自己非常有信心，坚定地认为自己是个能做大事的不平凡的人，并且绝对不会、永远不会低价贱卖自己。

每个人的思想决定了他取得的成果。假如你的目标比较小，那么成果也微乎其微；而你的目标伟大，才可能赢得巨大的成功。而伟大的创意比起小创意而言，并不像想象中的那么艰难。

在商业、写作、演戏或者是其他领域取得了一定成绩的人，都是一些善于自我规划、踏实肯干、有着坚定信念的人。他们所奉行的长期持久的自我发展与成长的计划，使得他们的人生有了一系列的辉煌：受到家人的尊重和崇拜，受到朋友和同事的羡慕与赞美，实现自己的理想和抱负，认可自己的能力，成为行业的佼佼者，收入颇丰，生活水平得到改善，等等。

值得我们用一生去思考和追求的人生终极目标，就是成功。因此，任何时候都要保持正确而积极的信念。

爱你的父亲

第十九封

相信自己能做得更好

亲爱的约翰：

你认为罗杰斯可以独当一面，被委以重任。这种观点我很不赞同。实际上，我也曾经努力想这样做，但是结果并不理想。

被委以重任的人，都是那些能够想出更好的办法，妥善解决事情的人，这是我用人的原则。但是，罗杰斯不善于思考，仅从这一点上来看，他就不是合适的人选。

我曾经在打算重用罗杰斯之前，问了他一个问题：“罗杰斯先生，你觉得，政府该采取什么方式才能在三十年内将所有的监狱废除？”

他听了我的问题之后，先是诧异和迟疑，接着他开始反驳道：“尊敬的洛克菲勒先生，您是说要将所有犯罪的人都释放吗？包括杀人犯、强奸犯等吗？假如您真要这么做，那么以后就没有好日子过了。所以，监狱必须存在，不能废除。”

我真希望可以让罗杰斯脑袋开窍，知道我这句话的用意。于是我提醒他："罗杰斯，你刚才说的都是不能废除的理由。现在我让你相信监狱可以废除，那么我们要怎么开始呢？"

"洛克菲勒先生，我根本无法相信这个，我也找不出任何方法。"这就是罗杰斯告诉我的答案——没有办法。

我无法想象，假如委以重任给罗杰斯，那么当危机时刻或者是机遇到来的时候，他能否随机应变，巧妙妥善地应对。我认为罗杰斯不能被委以重任，他不会带给人希望。

将事情做成的前提是，能够想出如何将事情做得更好的方法。这不是说一定要有超常的智慧才能完成，更为重要的是，要有一种坚信能把事情做好的信念。

假如我们认为无法将一件事情做好，那么我们的大脑也会为我们找寻各种无法做到的理由。然而，假如我们坚持认为一件事情一定可以办到，那么我们的大脑也会给我们找到很多支持它的方式。

相信可以做成一件事，就会使我们的大脑为我们搜寻成功做到这件事的办法，进而帮助我们更好地发挥自己的潜能。相反，确信无法办到某件事情，那么我们的大脑就不会产生任何关于创造性地解决这件事的办法。这样一来，不仅使我们的创造潜能无法被激发，还会使我们的理想破碎。这就是"有志者事竟成"的根本道理和原因所在。

我非常反感我的员工说“不可能”。因为“不可能”是失败者的惯常用语。假如一个人大脑中滋生“那是不可能的”想法，那么他就会寻找各种理由和借口来证明他这种想法是正确的。

罗杰斯就是个很好的例子。罗杰斯比较保守和传统，认为监狱政策已经实行了几百年之久，所以一定有它存在的道理和原因，干吗要去改变和废除呢？

但是，实际上，这件事只要花时间去思考就能够实现。“普通人”总是害怕和反感进步。

我相信，做任何事通常都有无数个最佳的方式。任何事情都不可能在冰雪中生长，假如我们被传统思想所禁锢，那么就不可能有所创新。

传统思想和创造性思维是一对天敌。传统思想会禁锢我们的心灵，阻碍创造力的发挥。罗杰斯就是个很好的例子。他不应该固守传统思想，而应该乐于接受挑战，将那些“不可行”、“办不到”、“没有用”、“那很蠢”的想法统统抛到脑后，以一种发现精神、挑战思维来不断充实自己的能力，担负更大的责任。

此外，他不应该固守做一件事情的传统方式，而应该积极上进，发挥创造性思维：还有没有更好的方法能将这件事情做得更好？

任何计划都不可能尽善尽美，必须不断地发展和改善。我很清楚这一点，所以总是在尝试寻找更好的解决方法。我会不断问自己：还能做得更好一点吗？

我知道我肯定能想到更好的办法，所以我会思考：怎样才能做得更好一些？

完美想法的产生就是综合对比了多种想法之后才最终得出的。我会设置比别人更高的标准来要求自己，努力追寻怎样在较低的成本下增加效率，减少人力、财力、物力的损耗，进而获得更多的报酬。

因为在我看来，那些抱有“我能把事情做得更好”态度的人往往都能获得成就。

而“我能把事情做得更好”的态度需要努力培养。你需要每天思考：今天我要通过哪种方式将工作做得更好？怎样才能更加激励员工的工作积极性呢？怎样能更有效地提高工作效率呢？

这样的思维训练简单实用，你不妨试试看。你肯定能够从中获得很多创造性的方法来帮助你取得更大的成就。

心态对我们的能力有决定性影响。我们心里认为我们可以做到什么程度，我们就真会做到什么程度。假如我们相信自己可以做到很多，那么我们就会想出各种创造性的想法，你就真能做到很多。

抗拒挑战的想法是很傻的。我们要关注的重点是，如何做得更多，更好。如此一来，很多创造性思维和方法就会纷至沓来。

比如，改变目前的工作计划，将不重要的琐事删除掉，处理例行工作的捷径，等等。也就是说，很多好的创意和想法会在这个过程中出现。

约翰，你不妨和罗杰斯好好聊聊，假如他有所改变，那对他来说无疑是很好的事情。

爱你的父亲

第二十封

策略性思考是成功的前提

亲爱的约翰：

汉密尔顿医生又胖了不少，看来打高尔夫并没有帮助他有效减肥，他得寻找其他方式来减肥了。但是，很遗憾的是，能帮助他有效控制体重的运动还没有被发明出来。但是，他会讲各种各样的好玩故事，给我们带来数不清的快乐。

今天，汉密尔顿医生讲了一个渔夫与垂钓者的故事，又把我们逗乐了。看到我们个个笑开了怀，汉密尔顿医生也得意地笑着说："洛克菲勒先生，您想做渔夫，还是垂钓者？"

我说，假如我做了垂钓者，就会利用有效的策略来进行商业化运营，而绝非单纯用垂钓者的方式来钓鱼，到那个时候，我就没法和他们一起打高尔夫了。

当然，垂钓者除了会下鱼饵之外，还会事先做出思考和策划：用哪种饲料，鱼线抛出多远就能钓上哪种鱼……从形式的角度来讲，他们做得都对，但是结果是否令人满意却不晓得。

也许，一段时间过后，他们钓到了大鱼，或者一条鱼也没钓到。但是，他们永远也钓不到心目中的那条鱼。因为尽管他们有清晰的目标，但是方式却过于传统和保守，仅仅用鱼线会使他们的捕鱼范围大为缩小。

然而，假如和渔夫一样张网捕鱼，那么捕到鱼的机会和获得的鱼的种类就会大为增加，从而也更容易抓捕到他们理想中的那条鱼。

我想告诉汉密尔顿先生球友们：我不是垂钓者，只是固执地守着死板的方式按部就班地捕鱼；我是渔夫，是综合利用多种方法，根据自己的目标创造最合适的捕鱼方式，从中缔造商业利益的人。

他们笑着说我泄露了赚钱的秘诀。

约翰，无论做任何事，从很多想法中筛选出最完美的一个想法是最好的方式。越是拥有很多具有创意和实用性的解决问题的想法，越是能够综合考量各种方案，并且做出积极的思考和尝试，最后再敲定一个最完美的决策。这就是我为什么总能得到我想要的“大鱼”的重要原因。

当然，执行计划的时候，我不会固执死板，而是会顺应时局的发展，不断完善和调整我的计划。因此，就算是计划执行的情况不尽如人意，也不至于惊慌失措，总是能够冷静想出解决的办法。

在很多人眼里，我是一位执行力强、办事效率高的领导。假如真如大家所说，那么只要能够综合考虑问题，愿意比较和尝试各种可能达成目标的方法，而且有着巨大的勇气和信心，有着不达目的决不罢休的斗志，那么，任何人都可以获得跟我一样的美誉。

单纯玩弄手段的计划者只是给策略者打杂的。作为老板，我只是负责规划和确立公司的发展方向和策略，绝对不会将自身限制在僵化的行动计划之内。我会在这之外，不断追求更多能够实现公司发展战略的可能性。

很多人都坚定地认为，想要成功，有赖于策略计划的完善和可执行，而策略计划的制订必须有可以实现的、可以具体衡量的实际行动目标作为重要的保证。

我也承认，上述做法的确有效，但是它也有致命的缺点。做计划的目的就在于能够对成果进行预先判断和评测，这也是人们为了达成目标所采取的一般方式。但是，计划的制订大多依靠的是一些为了达到目标的已知的方法，所以，其实在行动还没开始之前，就已经对行动产生了限定性。

尽管我们在制订计划的时候，会尽量做到尽善尽美，但是，计划赶不上变化。换句话说，这个时候，市场的情况、客户的情况、为支持计划所提供的资源等要素，可能都已经发生了变化。这就是那些制作成本高，耗费人力、财力、物力巨大的所谓策略计划，到头来真正被执行的属于极少数的原因。

那么，如何应对这种现象呢？无论我们是给部门还是整个公司做计划，都必须保证我们预先拟定的不是方法，而仅仅是策略。

因为策略具有长期性、弹性制、多面性和宏观性，强调成长或者是扩大利润，并非指某个具体的目标，而是提供一个大方向，并且它也不是获得成功的唯一途径。

想要成为优秀领导的前提是，让自己成为出色的策略性思考者，而非手段设计者。

我们不能将自己束缚在既定的文件流程里面，而是强调专注，要具有一定的弹性空间。我们重视探索，时刻都在寻找能够实现长远目标的可能性。

我们不会利用固定的集中方式来实现目标，而要时时刻刻都在挖掘能够实现收益的任何可能性——哪怕是在谈判中，或者是在和员工的会议交谈中。

为了避免自己陷入危机之中，我们要不断调整旧计划，找寻新的方法。我们必须对瞬息万变的商业环境有所掌控，还要根据这种变化做出修改和调试。

这样一来，我们不仅可以保持弹性的策略空间，而且还能够针对最新的环境制定出合适的目标。我们也可以完全将过时的、不实用的策略计划丢掉，在新的环境中不断调整和探索，以获得新的、理想的策略计划。

要做一个满怀希望的人。尽管情况无比糟糕，也要从中发现希望，因为希望总是存在的，要试着不断去寻找。

我认为，所有的领导都必须给自己和员工提供希望，带领他们走出一条希望之路。试着想一想，你生命中最灰暗的岁月，可能是因为你觉得不抱任何希望、已经没有任何办法、走投无路的时候，这个时候你绝望、想放弃。

而克服绝望的唯一方式，就是不断创造可能性来给你无限的希望。通俗地讲，希望来自相信有其他的可能性存在。

优秀的领导者大都有这样的素养：应对商业危机的预案、把握市场先机的计划、发展事业的蓝图以及应对危机的办法。当局面看似毫无希望的时候，他们就像是勇猛的摔跤手，即便快要被对方制服，也不放弃任何扳回一局的机会。

他们总是能够凭借自己的机智勇敢以及随机应变巧妙脱身，他们总是在看似毫无希望的绝境中找到生的希望。

假如在事业初期就能够不断创造和创新，那么就可以少经历一些痛苦和折磨。

即便事情看似已经毫无希望，内心也决不能放弃。这个时候，只要超越自己预先设定的界限，就会有新的希望。因此，我们要敢于在遇到绝境的时候，想尽各种方式寻找到一条生的道路。

爱你的父亲

第二十一封

成功者从不给自己找借口

亲爱的约翰：

斯科菲尔德船长因为又输了球而非常气愤，将他那根漂亮的高尔夫球杆摔坏了，只得重新再买一个。

说老实话，我很欣赏、喜欢船长的性格，无论是打球还是人生的奋斗目标，都应该是求得胜利。因此，我打算买个新球杆送给他，但愿他不要将我的这个行为误解为是在鼓励他发脾气。不然他以后总是乱发脾气，我可受不了。

斯科菲尔德船长虽然因输球了而非常生气，但是在他看来，赢并不是最终目的，而在这个过程中探讨如何赢的方法才是最关键的。

这一点让我很佩服，他从不为输球找任何借口。而实际上，他完全可以以年龄大、体力不佳等来当作借口，这样自己就不至于丢面子，但他从来没有这样做过。

而我认为，借口是一种思想病，失败者都会染上这种恶疾。而成功人士与那些平庸的人之间最大的差别就在于，成功人士几乎从来不找借口。

假如细心留意，你就会看到很多没有任何作为，也不打算有所作为的人，经常会有很多的借口来解释他不能做、做不到的原因。失败者在失败后的第一个举动，往往是为自己的失败找借口。

找借口的行为是懦弱的表现，所以，我非常鄙视那些喜欢找借口的人；找借口是导致失败的一个原因，所以，我也很同情那些喜欢找借口的人。

假如一个失败者找到一个很好的借口来辩解，那么他拿这个借口向自己和别人解释他失败的原因时，起初他还能清楚地知道自己是在撒谎，但谎言重复上千遍之后，连他自己也会信以为真，认为这个借口就是导致他失败的罪魁祸首。因此，他们不再想办法去赢，头脑也开始变得僵化、愚钝。但是，他们却很少承认自己是个爱找借口的人。

有时候，有人会站起来说："我的成功是靠自己的努力换来的。"但直到现在，我还没有见过任何人敢勇于承认："我是使自己失败的人。"

失败者往往将自己的失败归咎于年龄、性格、环境、时机、家庭、某个人、宗教信仰等等，甚至更有人将自己的失败归咎于健康、才智和运气。

而失败者最常以健康作为借口。于是，“我的身体欠佳”或“我这儿疼那儿疼”，就成了失败的借口。实际上，每个人的身体多少都会有点小毛病。

很多人会把这种健康借口当作不去做事的理由，但是，想要成功的人是肯定不会这么做的。

盖茨先生曾为我引荐过一位大学教授，这位教授虽然在旅行中丧失了一条手臂，但是依然乐观积极，还乐于助人。有次提到丧失一条手臂的事情时，他只是淡淡地说：“手臂肯定两个比一个要好得多，但是，对我而言，我丧失的也仅仅是一条手臂。我的心灵是完整的，我要因此而心怀感激。”

有句俗语说得好：“我总是为自己的破鞋子懊恼，直到我遇见一位没有脚的人。”可见，与其抱怨哪里不舒服，不如庆幸自己的健康，并且心怀感激，这样可以预防各种疾病。

我也总是告诫自己：累坏自己总比放着朽坏要好。生命是用来享受的，如果仅仅是为自己的健康担忧而导致时光流逝，徒增烦恼，那才是真正的损失。

大部分的人也总是以“我不够聪明”作为失败的借口。这种借口和别的不太一样，它们通常是来自于找借口人的内心深处，因为谁都不会当众说自己不够聪明。

在我看来，很多人对“才智”抱有两种错误的认识：低估自己的脑力和高估别人的脑力。正是因为如此，很多人认为自己不可能、不行，不愿意接受需要动脑子才能应对的挑战和难题。而认为自己笨的人，才是真的笨蛋。

其实，一个人完全不用管才智的问题，只要敢于尝试，一样可以把事情做得很好。

在我看来，要做一名成功的商人，不需要你多么睿智，而是需要你知道如何利用好现有的才智。也就是说，不需要你记忆力超群、头脑反应神速，也不需要你学习成绩优异，而真正重要的在于，你是否对做生意感兴趣和有信心做好。这才是真正决定生意成败的关键要素。

付出的热心和事情的结果成正比。热心可以使事情的结果变得更好，乃至百倍千倍。大多数人其实并不理解热心的真正含义，而热心就是“这是很了不起的！”它代表一种热情十足的干劲儿。

我认为，一个才智一般的人，只要有着积极乐观的心态和合作共赢的态度，那么获得的财富和受到的尊敬肯定要比一个只有才智，而消极悲观、拒绝合作的人多得多。

无论是大事还是小事，无论是艰难的任务还是轻松的任务，只要一个人怀着热情去做，那么取得的成就肯定比懒散的人要多得多。因为，专注与执着才是人的能力中最为重要的一部分。

有些人总是慨叹：那么多优秀的人为什么会失败呢？我可以让他们不再惋惜。假如一个非常聪明的人总是用他们睿智的大脑去证明这件事情为什么失败了，而不是引导自己去寻找成功的办法，那么失败肯定会降临到他身上。消极的思想会禁锢他们才智的发挥，使其最终一事无成。假如他们能够及时调整自己的心态，一定也能够做出一番大事来。

想成就伟业，却不懂得思考，那大脑也就是一桶便宜的糨糊。

比起我们智商本身而言，如何寻得引导我们发挥聪明才智的思维方法更重要。就算是学历再高，也没办法改变这个原则。

事业成就的重要原因不在于天生的智商，而在于思想管理。那些最好的商人从来都是自信满满，充满激情，很少怨天尤人。想要改变天赋很难，但是改变运用天赋的思维方式就相对容易得多。

很多人都认为“知识就是力量”这句话是真理，但我认为这句话只说对了一半。拿智商不高当借口的人，也是误读了这句话。知识代表一种潜能，只有合理地将其运用到实践上，才能够显示出其威力和创造力。

对于标准石油公司而言，永远不会给呆板的、抱着书本读死书的所谓专家提供任何职位。因为，我的公司真正需要的是那些能够想出各种办法，能够及时解决问题，有梦想且肯努力奋斗的实干家——有着大量知识的人能帮我赚到的钱并不比有创意、有想法的人多。

一个人不拿才智当借口，必然不会低估自己的才智，也不会过分高估他人的才智，他可以专注运用自己的资产和能力来激发他身上的潜能。他很清楚，最为重要的是自己到底如何利用自己的头脑来完成任务，而非他有多少才智。

他也会经常告诫自己：心态大于才智。他有强烈的“我一定要赢”的愿望。他知道可以用自己的才智找到成功的方法，而不是用它来证明自己如何失败。

他也明白，记忆力和思考力比起来，后者更为重要。他要用自己的才智来找到更新的理念和方法来处理好事情。因此，他随时提醒自己：我是正在用我的才智创造历史呢，还是在回忆复制别人所创造的历史呢?

任何事情的发生都不是偶然的，人类遇到的问题也是有原因可循的。因此，很多人认为自己运气不好才会失败，而那些成功的人都是运气不错的人。我从不相信运气，我只知道，精心计划和准备给我带来了所谓的“运气”。

假如靠着运气来做事，那公司一定不会长久存在。如果标准石油公司按照运气来改组，那么就要事先将全体员工的名字放在一个大桶内，第一个抽出的名字出任总裁，第二个抽出的名字出任副总裁……这种按顺序来办事的做法多么可笑！

我不相信运气，但相信因果报应。看看那些好像是因为好运而成功的人，其实他们都是经过了长久的准备和计划，才取得了今天的成功。

再看看那些运气不佳的人，他们背后也都有造成运气不佳的原因。

成功的人善于从失败中总结经验教训，能够坦然面对挫折，然后厚积薄发，再次创造成就。而平庸的人就会因为一两次的失败而彻底丧失斗志。

一个人只有靠辛苦的付出才能成功，没有人能随便靠运气获得成功。我从不奢望仅凭运气就能取得成就，因此，我总是全力以赴地去做好自己该做的事情，修炼各种成功人士应该具备的品质和素养。

百分之九十九的人善于为自己的失败找借口，这也就是大多数人失败的原因。

因此，想要获得事业上的成功，很重要的一点就是，不要给自己的失败找任何借口。

爱你的父亲

第二十二封

你也能成为大人物

亲爱的约翰：

《马太福音》中有这样一句话：“你们是那世间的盐。”

这个比喻非常值得人们反思。盐不但有咸味，而且可以用来清洁物品，防止食物腐烂变质。基督想用这个比喻来告诉他的门徒，应该怎样肩负使命并发挥自己的作用。他们存在于世界上的目的就是美化和净化这个世界，给人们的生活提供新鲜的气息。

盐首先有咸咸的味道，而这种味道比喻真正虔诚、高尚的宗教生活。那么，我们人类应该用财富、信仰和原则做些什么？

毋庸置疑的是，我们要做世上的盐，去积极努力地为人类的生存和发展提供服务和环境，这就是我们每个人担负的最基本的社会责任。

现在，我们的责任就是专心致志地为众人和这个世界服务，我想这个责任是伟大而艰巨的。

说到伟大，我想起了一篇我一生中难得一见的伟大的演讲词。它让我知道，人没什么了不起，但要是你为同胞和国家做了应有的贡献，那就是非常了不起的。

下面，我就把这篇演讲词抄录给你，希望能够对你有所帮助。

女士们，先生们：

今晚，我很荣幸能在这里见到一些大人物。虽然你们说大人物都在旧金山、伦敦、罗马等大城市里，这个城市根本没有，但是，我想告诉你们的是，你们错了，我们这里也有和其他地方一样了不起的大人物。现场的听众里面就有很多大人物。

现在，请允许我大胆地说，我们在判断一个人是否是大人物的时候，总会先入为主地认为，他肯定有一间宽敞的办公室。然而，我想说的是，这个世界上没有人事先知道谁会成为大人物。

那么，年轻人就会着急地问我：谁才是世界上的伟大人物呢？我想说的是，大人物之所以伟大，不在于他有一间宽敞的办公室和令人艳羡的职位，而在于他自身的价值。

有哪个人会认为，一个辛苦劳作的农民不如靠粮食才能生存的国王伟大？然而，也大可不必责备那些身居要职就认为自己是大人物的年轻人。

现在，我想问问各位：你们谁打算做个大人物？

那个戴牛仔帽的年轻人，你说你总有一天要成为大人物，是真的吗？你决定在什么时候实现呢？

你说只要有战争，你就会不顾一切地冲锋陷阵，然后扯掉敌人的国旗，凯旋回来，并接受政府颁发的奖章。那个时候，你就成了大人物了！

不，绝对不会！年轻人，你的这种做法并非真正意义上的伟大，然而，我们不会责怪你，因为你从学生时代就受到这样的教育，凡是当官的人都曾经在战争中表现得英勇。

我还记得，美国和西班牙战争结束后，现在这个城市举行过一次和平大游行。游行队伍出现在布洛大街的时候，有辆载着霍普森先生的四轮马车停了下来，然后所有人都挥舞着手中的帽子和手帕，开始高声呐喊："霍普森万岁！"

假如我在现场，肯定也会跟着一起喊，他是非常值得尊敬的人。

然而，假如明天我在大学课堂上提问："小伙子们，是谁击沉了梅里马克号？"假如他们说是霍普森，那么他们的回答有撒谎的成分。因为，真正击沉梅里马克号的是八个人，而除了霍普森先生是指挥官之外，其余七个人都在和西班牙人激烈交战。从这一点来说，霍普森先生并没有直接受到西班牙炮火的攻击。

亲爱的朋友，虽然今晚来这里的大多属于知识分子，但是我敢断言，没有一个人能说出另外七个人的名字。

我们必须告诉学生，无论职位的高低贵贱，只要尽了国家义务，就应该给他和国王一样多的荣誉。

一般人教育孩子的方式是下面这样的。

她的小儿子问："妈妈，那栋高高的楼是什么？"

"那是格兰特将军的坟墓。"

"他是什么人呢？"

"他是平定叛乱的人。"

历史是不能这么教给孩子的！假如我们的军队只靠一名格兰特将军，那肯定是不会赢得胜利的。那既然如此，为什么要在哈德逊河上造一座坟墓呢？那是因为，格兰特将军具备典型代表性，代表了和他一样为国捐躯的勇士们。这才是建造这座坟墓的真正原因。

我还可以列举一件让我无法忘怀，至今都感到羞愧的事情，来对这种情况加以解释。这也是我唯一能想到的一个例证。

那是1863年，我能回忆起伯克郡山的老家的牛市里聚满了人，连同教堂和市政厅也是人山人海。

我伴随着乐手的演奏，看着国旗在风中飘扬。

我到现在还清楚地记得那天发生的事情，人群迎接着一连士兵的到来。他们是服完一期兵役之后，还要再延长一期的队伍，受到了当地民众的热烈欢迎。

我当时还很年轻，是那个连的连长。看到这样的欢迎场面，我十分骄傲得意。我走在队伍的最前列，觉得无比光荣和自豪。这个时候我就像一个充满气的气球，一根细针就可以将我扎破，足见自信心和骄傲感已然“爆棚”。

我们走入市政厅后，被安排坐在大厅中间，我在前排坐下后，就看到迎接我们的官员列队从拥挤的人群中走了出来。他们在讲台上围成个半圆坐下，而市长就坐在他们的中央。

市长是个有着灰白头发的老人，在他看来，他有了公职就成为了一个伟大的人物。因此，当他起身的时候，先调整了下眼镜，然后以盛气凌人的眼神扫视了一下台下的民众。突然间，他的目光捕捉到我，并邀请我上台和其他官员一起就坐在讲台上。

这在我以前的从军生涯中，是从没有发生过的事情。我应邀坐到了台上，并且让佩剑垂在地板上，双手抱胸，觉得自己就是拿破仑再世！殊不知，极大的骄傲是失败和灭亡的前兆。

这时，到了市长发表欢迎词，欢迎我们凯旋的时候。只见他小心地从口袋中掏出演讲稿，将它平整地铺在讲桌上，然后退后了几步，调整了一下眼镜，又再次走到讲台旁。接着，以演说家的姿态，以四十五度角缓缓伸出手，十分威严地说道：

“各位亲爱的市民，很高兴欢迎这些英勇的……不畏牺牲的……战士回到故乡。今天还有一位十分年轻的英雄（指的就是我）和我们在一起……他曾经率领自己的队伍和敌人殊死搏斗，杀敌无数，我们看看他那把佩剑……在阳光下格外耀眼，他发出呐喊：‘冲锋！’”

天呐！原来这个老头子市长对战争根本就不了解。他根本不知道，在战争中，步兵军官假如在士兵的前面冲锋，就是个极大的错误！而此刻我还高举着我的佩剑，对着我的士兵大声呐喊：冲锋！我发誓我没有这样干过。

假如我在队伍的最前方，那不等于受到前方敌人和自己队伍的夹击吗？这是个愚蠢的行为。

在真实的战争中，军官只能出现在士兵的身后。因为我的职位是参谋，因此当敌人从四面八方来攻击的时候，我都要骑着马一路高声喊叫：“军官退后！军官退后！”

然后，军官听到我发的号令，就会退到战斗区后面，越是官大的军官，越要往后靠。这不是他胆小怕事，而是必须遵守这样的作战规则。假如将军冲锋到前线被打死了，那么整个部队就会群龙无首，整个作战计划也会被打乱，那么这场战斗就必输无疑。因此，必须保证军官所在的位置十分安全。

而在此刻，我竟然拿着“那把在阳光下闪闪发光的佩剑”高喊着：“冲啊！”那天，在场的士兵中，有人曾经誓死保卫过我的生命，有人曾经背着我渡过极深且阴冷的河水，还有一些人已经为国捐躯。他们虽然在这场演讲中被提到，但是没有受到人们真正的重视，反倒是我被说成了英雄！

我为什么被当作英雄？那是因为，那位老头子市长也陷入了愚蠢的思维逻辑中——这个小伙子是个军官，而其他的都是士兵。

因此，我在此刻便得到了令我终生都记得的一个经验教训——一个人之所以伟大，并不是因为他的官衔，而是因为，他们用默默无闻的平民身份完成了伟大的事业，这才算是伟大！

一个人只要可以提供给民众宽敞舒适的住宅、良好的学校环境、虔诚的祈祷和真心的祝福，受到人们的爱戴和感激，那他就是伟大的。假如他得不到当地民众的爱戴和感激，那么他不管走到哪里，都不算是个伟人。

我希望在座的各位明白，我们活着不是为了虚度岁月，而是要在有限的生命中有所作为；我们活在感觉中，而非电话按键上的数字；我们活在思想中，并且在正确目标的指引下，以心脏的跳动来计算生命的时长。

假如你不记得我今晚说过的，但一定要记得下面一句话：思考最多、感觉最高贵、行为最正当的人，生活也必将幸福且有意义！

爱你的父亲

第二十三封

让金钱成为人的奴隶

亲爱的约翰：

偏执和骄傲会导致很多悲剧发生，制造贫穷的人也是如此。

在很久以前，我曾经在第五大道浸礼会教堂遇到过一个年轻人，他是个整日生活节俭、清贫度日的小花匠，他的名字叫汉森。

在汉森先生看来，能够坚守贫穷是难得的美德，所以他摆出一副高尚的样子对我说道："洛克菲勒先生，我认为金钱是万恶之源，我觉得我有必要和您讨论下这个话题。"

就在那一刻，我明白了汉森贫穷的原因，因为他对《圣经》中的话语有着极大的误解，但他压根儿不知道。

我不希望眼前这个可怜的年轻人越来越误入歧途，于是对他说："年轻人，我和你一样，很小就将基督教的格言当作自己的行为准则。然而，你可能忘记了，你刚才说的那句话前面还有一个词——喜爱，也就是说，'喜爱金钱是万恶之源'。"

汉森听完，惊讶地张大嘴巴喊道："你说什么？"

我拍拍他的肩头说道："是的，年轻人。《圣经》是以自人类的爱与尊严而写就的，是对宇宙最高心灵的敬重，你可以将自己的生命交付于它。因此，你引用《圣经》的时候，就等同于引用真理。'喜爱金钱是万恶之源'，的确是这样。爱钱并不是目的，而仅仅是一种手段。假如你都没有这个手段，就没办法实现自己的理想。换句话说，假如只想做个守财奴，那才意味着金钱就是万恶之源。"

我接着对汉森说道："年轻人，假如你拥有财富，那么就可以给你的家人和朋友带去无限的快乐和幸福生活，而且还可以帮助社会上的穷人。这个时候，金钱就是幸福之源。"

我继续劝导他："年轻人，每多赚一分钱，就更增加一分把握自己未来的力量。所以，努力去赚钱吧！

"你不要被那些固执的观念束缚住思想，而是要努力赚钱，让自己变得充满力量。纽约处处都是金钱，只要你想致富，就能够致富。小伙子，你要记得，你纵使是尘世间的过客，也要有一个属于自己的闪亮人生。"

汉森很壮硕，也很聪明。但是，假如他听不进我的劝说，那真是太遗憾了。

在我看来，每个人都要努力让自己变得更加富裕。当然，有些东西比金钱更有意义和价值。当看到一座落满秋叶的坟墓时，我就会莫名地产生一种忧伤，因为那里有比金钱更高尚和有价值的东西。尤其对于经受过磨难的人而言，更能体会到有些东西比钱更难能可贵，更神圣和甜蜜。

但是，只要有点常识的人就会知道，那些东西必须用钱才能得到升华。金钱不一定万能，但没有钱是万万不能的！

爱情是上帝对人类最好的馈赠。但是，假如在爱情上再加上金钱，那么一定会使爱情更加幸福甜蜜，金钱的魔力就在于此！

假如有人说“我不要金钱”，就等于是说：“我不想为家人、朋友服务。”这种说法显然不全对，但是，否认这两者之间有关系的人也同样是错误的。

我认可金钱的力量。在我看来，每个人都应该努力去赚钱。但是，宗教对这种想法却很不满意，因为在它看来，有一种人是无比光荣的，那就是做上帝贫穷的子民。

在一个祈祷会上，我曾经听到有人这样祷告：“我为能成为上帝的贫穷子民而心怀感激。”我听后，觉得这是疯言疯语。这个人的太太要是听到他这么说，肯定会觉得自己当初嫁错了人。

我想，就算是上帝，也不愿意看见贫穷子民吧！我认为，假如某个应该很富有的人却由于贫穷而软弱无能，那么他就不仅是对自己不够忠诚，甚至对家人也该心怀愧疚，这是一种十分错误的行为。

我也不是说，人生的成功可以用赚到的钱的多少来衡量。但是，不可否认的是，一个人对社会所做的贡献大小可以用赚到的钱的多少来衡量。你的收入越高，贡献自然也就越大。一想到我使得很多人都变得富裕，我便觉得我的人生很有意义且伟大。

我相信上帝是因为他的子民才造出钻石的。上帝唯一给我们的忠告是，我们不能违背上帝来赚钱。那样，就会使我们陷入金钱的深渊，变得罪孽深重。我们在赚取金钱的同时，要光明正大，不能走歪门邪道。

一些人没有钱，是因为对钱不够了解。他们认为钱是冰冷的、坚硬的东西。其实，它是有温度的，会使我们生活得更好，而且色泽也和我们的服饰相协调。

我之所以是今天的样子，完全是因为我过去的信念。老实讲，当我觉得人们是因为贫穷而疾苦的时候，我就认为，我要成为一个富人。而且随着时间的流逝，这个念头越来越强烈。

我的童年时代，正是拜金思想被神圣化的时候。当时，很多人怀着发财梦，前赴后继地奔到加利福尼亚去淘金，这使得数百万人对金钱的渴望无限地被激发，其中也包括我这个只有十多岁的孩子。

那时，我的家境十分贫寒，常常需要好心人的接济才能勉强度日。而我的母亲自尊心十分强，希望我能够通过自己的努力改善家庭生活，正是母亲的耳提面命培养了我极强的责任感。我曾暗暗发誓：我要赚钱，我要用财富让家人都过上好日子！

在我的发财梦中，金钱不仅仅是为了实现家人生活的富裕，而且能换来社会上的尊严和地位，这些东西远比气派的住宅、漂亮的服饰、精美的食物对我有吸引力得多。

我对金钱的理解，使我更加坚定了要成为有钱人的信念，而这个信念赋予了我强大的斗志去努力赚钱。

亲爱的儿子，纯粹为了赚钱而赚钱的人是可悲、可憎的，而我深谙赚钱之道：我要让金钱成为我的奴隶，而非我成为它的奴隶。事实上，我就是这么做的。

爱你的父亲

第二十四封

勤奋必定创造财富

亲爱的约翰：

收到你的来信很是兴奋，你说了两句话让我尤为激动和欣赏，那就是“你要不是赢家，你就是在自暴自弃”和“勤奋出贵族”。

这两句话用不谦虚的说法来讲，就是对我人生的精辟概括，也是我一生所恪守的原则。

有些报纸故意曲解我，认为我就是天生的赚钱机器，所以才会拥有现在的巨额财产。但实际上，他们一点儿都不了解我，也不了解历史。

我是一个移民，只有靠满怀希望和不息的奋斗，才能够在这块土地上立足。在我很小的时候，我的母亲就告诉我要勤俭、自立、诚信和不断创造。对这些美德我深信不疑，并且它们作为我人生的信条，指导着我的一言一行，直到现在，它们仍然是我的座右铭。

正是因为这一切，才使我有了不断向上攀爬的动力，才最终帮我实现了我的首富梦。

当然，也是由于那场改变美国人民命运与生活，同时也改变了我的生活的战争，使我变成了有钱人。大战之后，各种抢夺战争先打响，我适时抓住了机会，并将抢夺战中得来的钱财作为我日后财源滚滚的资金支撑，不久就成为了商业界人人称奇，但又望而生畏的商业巨子。

机会对每个人都是平等的，就好像时间对每个人都是公平的一样。但是，为什么独有我能抓住先机创造了财富，而大多数人却依然贫寒不堪，没有机会呢？难道果真像污蔑我的人所说的那样，是我贪得无厌吗？

不！是勤奋，机会只会留给勤奋的人！在我年少的时候，我就对这种观念坚信不疑：财富属于意外之财，是勤奋工作的副产品。只有勤奋地思考和行动，才会促使目标的实现，我的财富梦的实现也是因为如此。

我对“勤奋出贵族”这句话深信不疑，并且对它永远怀着敬畏之心。不管是什么时候，不管我们生活在哪里，北美或者是东方，那些有着尊严、地位、财富和荣誉光环的贵族，大多都勤奋、坚强，有着永远不停息的追求之心。而正是由于他们身上具备了这样的优良品质，才使他们获得了巨额的财富，赢得了世人的尊敬和赞美，成就了自己的一方霸业。

约翰，世界总是处在瞬息万变之中，贵族和穷人从来就不是亘古不变的。你今天可能是贵族，明天也许就是个穷人。就像我一样，小的时候，我家境十分不好，穿的都是破衣烂衫，总要靠好心人的接济才能勉强过活。然而，今天，我已经有了个庞大的财富王国，而且我已经把大量的钱都用来做慈善事业。

这种世间常有的盛衰就好像沧海桑田一样，总是生生不息。家境贫寒、出身贫贱的人，只要能够勤奋工作，并且能够为了自己的梦想执着追求，总有一天会出人头地，跻身到新贵族之列。

只有靠自己的勤奋和努力换来的财富和地位，才会稳固和长久。然而，现如今，社会上的“富二代”们面临着一个不进则退的窘境。很遗憾的是，他们中的大多数人不求上进，挥霍无度，醉生梦死，以至于虽然家族很富裕，但最终家业却败在了他们的手里，最后他们变得一贫如洗。

因此，你也要好好教育你的孩子，想要赢得社会上的尊严和地位，享受成功的愉悦，就必须不断充实自己、完善自己，凭自己勤奋的双手去打造自己的人生。要让你的孩子知道，勤奋不是做给别人看的，而是为了自己的幸福。

在很小的时候，我就坚定地认为，只有辛勤耕耘才会有收获。

作为穷人，只有勤奋努力，才能够获得尊重和财富。除此之外，别无其他。

上学的时候，我不是一个天资聪颖的人，但是我懂得笨鸟先飞，长期坚持不懈地努力，不甘落人后。当我十岁的时候，我就卖力地干各种杂活，包括挑水、砍柴、耕种等等，我几乎什么都做。

正是那段在农村艰辛的生活磨砺，才使我有了坚强的意志，能够面对之后创业的种种困难。而且，也正是因为那段岁月，才让我拥有了坚毅和自信的品质。

我明白，在这之后，每当深陷困境或者是面对成功的时候，我都能够淡定自若，这和我从小就建立的自信心有很大的关系。

勤奋不仅能够造就人的品格，而且能够锻炼人的能力。在休伊特-塔特尔公司工作的时候，我不仅锻炼了我的能力，而且还留下了很好的名声。那个时候，我总是上班积极，经常早出晚归，认真工作。当时，我的老板对我说："你这么有毅力，迟早会有大成就。"

那个时候，我无法想象未来是什么样，但是我坚信，只要我踏实肯干，用心完成每一件事情，就肯定能成功。

今天，虽然我已经快七十岁了，但是我还是努力在商海中做一些事情。对我来说，什么事情都不做简直就是在浪费生命。每个人都有权利选择退休以及退休之后的生活，但是无所事事的退休生活会令人沦陷。

我没有把退休当作一种结束，反倒认为它是整装再出发。我持续地奋斗，以此来昭示生命的真谛。

约翰，我今天能拥有这样的财富和声望，就是因为比别人多付出了辛勤和劳动。本来，我也是个再平常不过的普通人，也没有任何身份和地位，但是通过我的勤奋劳作和顽强的毅力，我赢得了世人的尊敬和崇拜。我的名誉绝非虚名，都是用辛勤汗水所铸就的，任何浅薄的妒忌，对我来说都是一种不公平。

财富是对我们辛苦劳作的最好奖励。它让我们以十足的勇气和信念，坚定不移地朝着目标迈进。

继续努力吧，我的儿子。

爱你的父亲

第二十五封

财富越多，责任越大

亲爱的约翰：

一场差点殃及国家的金融危机总算过去了，这太值得庆贺了！

现在，我想我们无能的合众国总统西奥多·罗斯福先生，可以安心到路易斯安纳打猎了。当然，总统先生还是做了一点事情的，他对华尔街的局势表现了些许“担忧”。我的上帝！作为纳税人，我们真是瞎了眼，才会让这么一个混混当上了总统。

老实讲，只要一想到西奥多·罗斯福对标准石油公司的所作所为，我就异常愤怒。看看这个伪君子对我们做了些什么！

他是多么狭隘自私、卑劣、小心眼的人啊！他竟然利用手中的权力为自己谋利，在那场不公平的竞争中，让我们收到了联邦法院开出的美国史无前例的巨额罚单，还要求我们解散公司。

但是，我有信心，他的那些阴谋诡计肯定会被拆穿，他也会因此而懊恼沮丧。因为，我们公司有着优秀的管理模式和团队，有着充足的资金，这足以令我们抵抗各种风险。我们的财富也会因为我们有健全的体制和管理模式，以及充足的资金而持续增值。走着瞧吧！我们一定要你好看！

然而，我们真的是受到了不公正的待遇，受到了打击。西奥多批评我们是有钱的罪人，而那位法官也说我们是臭名昭著的小偷，可我们的财富都并非偷盗得来的呀！

这些愚蠢的人根本不知道如何创建一个大企业，他们也没有兴趣知道。我们的每一分钱都饱含我们的智慧和汗水，我们是在用自己的生命来铸就自己的事业。但是，他们对这些充耳不闻，只是偏执地凭借自己的判断，用带有侮辱性的字眼来贬低我们的才能，更将我们用最物美价廉的煤油使美国的夜晚灯火通明的事实贬低得一无是处。

我知道，西奥多这次一定不会手下留情，因为他不打算和我们和解。但是，我们也问心无愧，丝毫不怕他。最坏的结果也就是，他用手中的强权使我们这个快乐团结的公司解散罢了。但是，成就还在，快乐也不会停止，我们的未来也一定会更加光明。

的确，现在我们饱受政府的迫害。但是，我们要保持清醒的头脑。假如有危机到来，我们一定要正面应对，不然，事后我们会感到良心不安和羞愧。

因为，我们也是国家的一分子，有使国家和同胞免受灾难的责任。尤其是富人，我们拥有的财富越多，肩上的责任也就越重。我们要积极建设我们的国家，使人民生活得幸福。

这次的金融危机将华尔街洗劫一空，太多的人开始排着长长的队伍去银行取钱，生怕晚一秒自己就变得一无所有。这种现象导致了美国经济的大萧条，甚至可以预见，我们的国家将陷入这样一种困境中：政府没有资金支持，民众对政府失望透顶。

在这种危难的关头，有钱人必须要出力。于是，我给斯通先生打了个电话，请美联社将我的话转述给美国民众：我们的国家是诚实守信的，我们金融界的有识之士也是诚实守信的，只要国家需要，我愿意捐出一半的证券来帮国家渡过难关，在我们国家，金融风暴将不可能出现。

幸运的是，华尔街经济危机很快便过去了，一切都恢复了平静。

而我为了这一刻的到来，也做了我认为值得做的事情。正如《华尔街日报》中评论的那样，“洛克菲勒先生用他的声音和巨额资金帮助了华尔街”。但是，他们永远都不会知道，在这场风暴中，我是那个拿出最多的钱来帮助国家的人。我为此感到骄傲。

当然，华尔街能成功度过这次危机，摩根先生也功不可没。他集合了一群商业名流来共同应对这场危机，以他卓越的指挥才能和果断的个性，使得华尔街很快走出了困境。

因此，不光是美国人民、华尔街的人，甚至西奥多·罗斯福也应该感谢他。因为摩根替他做了他该做而未做的事情。

现在，各大媒体和报纸头条，以及民众都对慷慨解囊的商业名流大为夸奖，但是我却对这种美誉不屑一顾。在国家遇到危难的时候，我们本来就应该挺身而出，为国家做一些事情。

我想，但凡和我一样怀有对祖国炽热的爱的人，都会在国家危难之际，贡献出自己的一分力量和忠诚。

但我也做过令我良心不安的事情。大约四十六年前，很多美国青年奔赴战争前线，为解放黑奴、维护国家统一而浴血奋战，可我却没有参加战斗，而是忙着把公司搞好，好让我和家人的生活好过一些。

这个理由听起来也没什么不妥。但是，在那个时候，正是国家用人之际，而我却只顾着公司没有去参战。因为这件事，我内疚了很久，直到遇到那场经济危机，才使我的良心得到了救赎。

当时，联邦政府对黄金储备信心不足，只得求助于摩根先生，而我也拿出了很多的钱来帮政府度过了这场危机。这件事情让我无比自豪和兴奋，比赚再多的钱还要开心。

但我并没有因此觉得自己是个救世主，也没有因此而沾沾自喜，因为我仅仅是国家的一名公民。我知道我拥有财富的同时，也有着更大的公共责任。在祖国需要我的时候，我一定会挺身而出，做我应该做的事情，这比拥有再多的钱还要崇高。

约翰，虽然我们不缺钱，但是也不能乱花钱，而应该把钱花在能够给人类带来价值的地方，这才是花钱的正途。当然，我们再也不会捐助共和党人了，一个西奥多·罗斯福已经害得我们够惨了。

名誉和美德仅仅是心灵的装饰物，但是假如缺少了它，人就变得不完美。

爱你的父亲

第二十六封

结束就是开始

亲爱的约翰：

我总是不能理解，为什么安德鲁·卡内基先生特别喜欢在媒体上频繁亮相？他好像很害怕人们不记得他，恐怕是得了“恐惧遗忘症”吧！

我个人还是比较喜欢这个经常和我争风头的家伙，因为他永远看起来朝气蓬勃、意气风发，总是认为前进才是最重要的事情。每当别人问起成功的秘诀时，他总是淡淡地说：“结束就是开始。”

他这个铁匠居然能够如此口吐莲花，真是让我刮目相看。我相信他这句名言很快会传遍大街小巷，他也许还会因为这个获封“商界哲学家”的称号。实际上，他能够将自己奋斗的一生、辉煌的一生都浓缩在一句话里，不也证明了他的睿智吗？所以，这个称号他当之无愧。

但是，卡内基先生还是稍微有些保留，在给出一个成功的公式之后，没有告诉大家其中的演算过程，肯定是怕别人偷学自己成功的秘诀。

我倒是来了兴趣，很想解一解这个公式。但是你自己知道就好，不能告诉别人。不然的话，他会因为我透露了秘诀，在圣诞节的时候，送我威士忌的同时，还会附带送上雪茄，可他明知道我既不喝酒，也不抽烟，这个有趣的家伙。

我的理解是，“结束就是开始”代表成功不是一蹴而就，而是一个持续繁衍的过程。这正如，一头母牛生了一头小牛之后，紧接着又生第二头，如此持续下去，不断繁衍。

结束即是一段路途的完结，也意味着一个新征程的开始。每一个有所作为的人，都是建立在一次次小的成功基础之上的，他们在结束的时候庆祝梦想终于得以实现，同时，又在即将结束的时候开始计划新的征程。这是每一个成功人士都具备的特质。

然而，新梦如何开始呢？这一点卡内基先生故意没有提及，而这却正是梦想得以顺利实现的最后一步，也是新梦想开始最为重要的一步。

其实，答案一点也不神奇，就是要从最初的时候就千方百计地获得优势。以过往的经验来讲，我获得优势的方法有三种。

第一种方法：从最开始就要对市场状况以及对手的资源进行了

解。也就是说，要十分清楚自己的情况和对手的情况。尤其是在涉足新事业的时候，一定要先对整个行业有所了解，不能贸然采取行动，对自己的资源优势和资源的数量有清晰的掌握，才可能赢在起点。

从刚开始的时候，我就对机会出现的时机进行了准确评估。一旦它出现，我就会立马抓住它。而且我还明白，最好和好是互相对立的。大多数人为了追求最好的东西而宁可放弃好的东西。

其实在我看来，好，总比不好要强得多，因此放弃它不是聪明的做法。更何况，在现实生活中，理想的机遇很少出现，却有很多还算好，但还不够完美的机遇出现，它们总比完全没有机会要好得多。

第二种方法：对对手的情况进行分析和研究，然后利用这点来获得对自己有利的局面。

我在竞争中能够获胜的一个重要原因在于，会事先对对手的优缺点、行为风格以及性格特征等进行了解，然后再对症下药，这样往往事半功倍。当然，我也必须清楚自己的位置。我用这个方法曾经打败了发明“结束就是开始”这句名言的卡内基先生。

卡内基先生是名副其实的钢铁巨人，和他竞争就好像和死亡竞争一样难。然而，他却生性固执，总喜欢鄙视别人，不把任何人放在眼里，正是这个缺点才让我这个竞争对手占了上风。

他不把我放在眼里，认为我只能在石油行业赚钱，而且也绝不会蠢到去干采矿，因为矿石多到开采不尽，而且价格非常低。

因此，当我涉足采矿业的时候，他逢人就嘲笑我，认为我投资采矿业是人生的一大败笔。但是，实际上，卡内基只知其一，不知其二。他没有意识到，比起价格来说，价值才是最为关键的。假如没有掌控采矿业，那让他骄傲的炼钢厂就只剩下了一堆废铁。

在别人以为你不是竞争对手的时候，才是你努力提升自己，赢得竞争筹码的时刻。所以，我开始决定全方位进行投资。

冲动好过慎重，那个不可一世的铁匠很快就发现我这个不起眼的、有些愚笨的投资人竟然掌控了铁矿业，而且一跃成为全美最大的铁矿石生产商。这下他有些着急了，忍气吞声地来求我和解。也就是说，竞争中首先针对对方的弱点狠狠打击的人，往往能赢得最后的胜利。

第三种方法：要拥有良好且正确的心态。刚开始，你要下决心获得胜利，因此，你要在道德允许的范围内积极地、冷酷无情地去为了达成你的目标而不懈努力。

既然从竞争之初就打算获胜，那么就必须全力以赴，才能够实现最终的梦想。讲得好听一些，就是争取率先获得优势地位来帮助自己取得胜利；讲得难听一点，就是你付出的越多，意味着别人得到的越少。

除此之外，必须骁勇善战，拥有足够的胆识和气魄。我始终认为，勇士才配得上被称为天才的竞争者。

《圣经·新约·哥林多前书》中，使徒保罗说："如今常在的，有信、有望、有爱，这三样其中最大的是爱。"

每个新梦的初始阶段，都必须保持一颗追求胜利的心。假如没有这份心，那么即使对对手的状况和目前的竞争现状有足够的了解，也无法获得胜利。不断充实自身的知识、保持控制力、能够评估竞争现状，这些都足以让你满怀自信地去追求最终目标的实现。那些经常失败的人和企业，大都是因为没有全心投入到他们所做的事情中去。

约翰，你要牢牢记住卡内基先生的那句名言，"结束就是开始"，也要记住我告诉你的那三个方法。

哦，我该不会在费力地帮助一个根本不需要我帮助的谋略家吧？

爱你的父亲

第二十七封

不责难，不推诿

亲爱的约翰：

假如我告诉你，那个总是洋洋自得、骄傲自大的自诩为世界首富的安德鲁·卡内基先生来向我请教了一个严肃的问题，你会不会十分吃惊？可实际上，卡内基先生真的这么做了。

两天前，卡内基先生到基奎特来拜访我。轻松幽默的谈话氛围和我满面的微笑使他放下了自尊，开始问我：

“约翰，你领导着你所认为的很能干的一群人在做事。但我很不解的是，这群我并不十分认可的人却总是能够所向披靡，将你的对手彻底击垮。你到底是怎样让他们有这种精神的呢？是施了魔法，还是动用了金钱？”

我坦白地告诉了他：金钱的魅力肯定要用上，但更重要的是，要使他们明白自己肩上的责任。有的时候，行动不是因为想法，而是由于自己所承担的责任。标准石油公司的每个员工都知道自己的责任是什么，以及用什么样的方式可以把事情做得更完美。

但是，我从来不在他们面前刻意强调责任，只是用我的领导管理方式来使我的员工变得更有责任感。

我以为说到这里已经十分明白了，没想到卡内基先生仍然对此充满了好奇心，十分严肃地追问道："约翰，那你能跟我说说你是如何做到的吗？"

我认为，我不应该拒绝如此谦逊的卡内基先生，于是告诉了他实情。我告诉他，假如想要企业得到长远的发展，那么我在领导方式上的选择就是，不会以任何理由去责难我的任何一个员工做任何一件事情。

责难就好像是一块沼泽地，你一旦开始，就会越陷越深，最后迷失了自己前进的方向，只会深陷在指责和憎恨中不能自拔，这样的结果是你失去了员工对你应有的尊重和支持。而一旦出现了这个结果，你就丢了你的阵地，根本没有办法再主宰这个企业的任何事了。

我知道责难对领导力的杀伤力是巨大的，而且这个世界上无论是谁，都会在某个时间，在某件事情上遇到挫折。因此，当我遇到棘手的问题时，不是抱怨和生气，而是会思考：用什么办法才能够让情况有所好转？才能够减少我们的失误？

正是这种积极的心态和选择，使得我们不断朝着更先进的生产力和更佳的满意度迈进。

当然，我对自己比较苛刻。当遇到挫折的时候，我会先静静地思考一个问题："我的职责是什么？"通过对自身角色真实准确、完全坦诚地评估，我们就可以正视自己，而不是去关心他人干了什么，以及要求别人要做一些改变来适应，等等。

实际上，只有深刻地反思自己，才能够将自己遗失的领导力再次找回来。

但是，我在问"我的职责是什么"这个问题的时候，并没有自责的意思。在我看来，自责是一种最阴险狡猾的责难，只会让我更加憎恨和抱怨，除此之外，别无其他好处。

实际上，我说的"我的职责是什么"这个问题，是我自己在做一种比对和分析。当我明白真正的问题是我应该要做什么的时候，我就不再自暴自弃，智慧让我变得更加强大。越是强大，就越不容易受到别人的影响，这其实是件好事。

假如我不去计较他人对我所做的事情，而把每一次的阻碍都当作一次成长的绝佳机会，那么，我肯定能够从困境中找到出口。

当然，我从来没有觉得自己是救世主，我总是在扪心自问：在哪些方面我必须负责？在哪些方面员工必须对我负责？领导并不可能承担所有的责任，也不可能对所有情况都了如指掌。假如我把自己当作救世主，那么只会让自己陷入拯救世界的领导危机之中。

让别人也要承担相应的责任，这也是我责任的一个重要组成部分。假如一个员工对和自己密切相关的事情都毫不关心的话，那么这样的员工是不会有将工作做到最好的激情的。这样的员工应该从我这里离开，另谋高就。

感觉有责任会让自己莫名兴奋起来，个人的责任感可以激发人的潜能。将重大的责任交付给员工，并给予他充分的信任，这对他的成长有巨大的帮助。因此，我不会将本应该由员工来承担的责任揽到自己身上。

我也不仅仅是用模范作用来营造企业负责任的氛围，还有做人的基本原则：标准石油公司没有责难和借口！

这是我的座右铭，企业中人人都知道。员工犯了错误我不会惩罚，但是也不允许渎职的行为发生。彻底执行是我们的理念，支持、鼓励和尊重在我的企业中是受到鼓励和赞扬的。在我的企业中，那种总是找借口却不去找解决办法的事情，坚决不允许发生。

我的企业很少出现失误，因为我的员工可以随时来我的办公室发表自己的见解和看法，或者发发牢骚也无妨。但是，前提必须是负责任的。这样就可以使我们把所有问题都摆到台面上来讲，彼此给予充分的信任。

卡内基先生非常聪明，是个十分优秀的老学生。他言简意赅，在我们的讨论即将结束的时候说道："在抱怨声中，优秀的员工也会变成乌合之众！"他总结得真是精辟！

约翰，差不多所有的人都出于防备心而推卸责任，这样的情况太常见了，但是它的危害十分巨大。而有效解除人的防备心理的办法就是学会倾听。

领导者最大的难题在于，要创造一个较为宽松的、大家都能够畅所欲言的环境非常不容易。通常，可以尝试主动引导其他人来说出他们的意愿，比如用"再多说一点"、"我真想听听你的意见"等语言来让他们表达自己的看法。

可能和一般人想得不一样，在交谈中，倾听者才是真正有力量和权力的，而不是倾诉者。

很不可思议吧？仔细想想，倾诉者的口吻、方式和要表达的内容等，都由倾听者的倾听方式来决定。可以想到，面对一个全神贯注听你说话的人和一个带有攻击性行为且面露敌意听你说话的人，你的表达方式肯定会有区别。

当你在专注地听别人讲话的时候，是卸下了防备的。这个时候，你会对带有攻击性和愤怒情绪的话语背后的深意，有更深刻的理解。

你可以从中得到更多的信息，来推翻你之前的种种假设，也更能从中理出头绪来。讲话的人也会认为你很重视他的讲话。而且，当你专心致志地倾听别人讲话的时候，别人也更愿意倾听你说话。

真实的倾听不会产生防备。即便你非常讨厌某个信息，你也要耐心听完，而不是当即就表现出不耐烦。专注倾听与其说是一种技巧，不如说是一种态度。滑雪的人在遭遇障碍的时刻，绝对是全情投入的，不会分神去想要跟同伴说的事情。

同理，一个积极的倾听者在专心致志地倾听别人说话的时候，绝对不会一想到什么就瞬间说出来。这样一来，你就更能兼容并包地吸收更多有创意的想法和观点，去开启更有意义的谈话。

很久以来，我们都是自己和生活的创造者，这个过程中，我们都会自己对自己负责。就好像目标指引着你前进的方向，而拒绝责难则将使你更好地行走在这条大道上。

爱你的父亲

第二十八封

坚持就会胜利

亲爱的约翰：

今天是个伟大的日子！全国上下都怀着一份特殊的情感来祭奠伟大的总统亚伯拉罕·林肯先生。林肯受此殊荣，当之无愧。

在我的记忆里，林肯是最伟大的。他为了解放黑奴运动而饱含仁爱之心，英勇奋战，最终打破了禁锢合众国公民的锁链，使得种族之间的仇恨有所缓解，使得合众国公民的灵魂更加包容和仁爱，也更加健康。

他将不同的民族进行了融合，建立了一个稳固的多民族国家。在这个国家里，人人自由、平等、友爱、公平、正直。正是因为有了他，合众国才更加人性化和独立。

林肯是十九世纪最伟大的英雄人物。今天，我们用全国上下共同追思纪念的方式来完成对英雄最好的祭奠。

然而，我们不仅仅要感激他所做出的伟大事业，还要学习他的执着、顽强与勇气。在我看来，学习他执着追求的精神就是对他最好的纪念。

在我心中，林肯是个不屈不挠、抗争到底的英雄。他出身贫寒，接连两次做生意，都败得一败涂地，这使他在之后很长的时间里，都不得不拼命工作以偿还债务。

他的从政之路也不是一帆风顺的，第一次竞选州议员就遭遇失败，并因此丢了工作。第二次竞选虽然获胜了，但是承受了失去亲人的痛楚。在这之后，他六度竞选六度失败，但是丝毫不能动摇他从政的决心，直到最后当选了美国总统。

很少有人像林肯一样，在经受了无数次打击和挫折之后，还能够百折不挠，不改初心。每一次的失败，林肯都会勉励自己："不过就是摔了个小跟头罢了，又不是死了。"这些话语使林肯克服了重重困难，也终于使他受到了万人敬仰。

林肯毕其一生告诉了人们一个真理：只要不放弃就不会被打败。

功成名就是持续的奋斗铸就的。遍察那些伟人，都是在遭受一连串的打击和挫折之后，还能够不妥协、不放弃，最终才成就了辉煌的事业。

伟大的希腊演说家德莫森就是个很好的例子。他天生口吃，羞涩胆小。他父亲去世的时候，留给他一块足以供其生活的土地。但是，根据当时国家的法律条文规定，必须在继承之前，通过公开辩论来赢得所有权。结果，十分不幸，由于他的口吃和羞涩，他没能拥有那块土地的所有权。

在那之后，他没有气馁，而是越发勤加苦练，终于战胜了自己的羞涩和口吃，创下了人类前所未有的演讲高潮。很多人可能都忘记了那个赢得他土地所有权的人，却始终记住了德莫森这个伟大的名字。

有很多人对他们拥有的不太重视，却极度重视自己缺失的，结果丧失了成为成功者的机会，这真是很悲哀。

林肯的一生就是化挫折为胜利的最好证明。任何人都会经历失败，但是不能因为一次失败就一蹶不振。假如我们尽了自己最大的努力还是免不了要失败，那么，最起码我们可以总结经验教训，在下一次努力的时候能从中汲取教训，力争做得更好。

老实讲，我并不是要拿自己和林肯总统比较，只是我身上也具有他的一些精神。我也很厌烦生意失败，赚不到钱，但是我更害怕的是，因为这个而使我在以后的生意中畏首畏尾，施展不开手脚。假如结果是这样的话，那我的损失就太惨重了。

一般人遇到挫折很容易退缩，而遇到成功就很容易坚持。但林肯绝对是个特例，他会从各种失败中总结经验教训，然后以自己顽强的毅力赢得更好的提升。正如他所说的：“你无法在天鹅绒上磨利剃刀。”

就连才能也无法取代毅力。怀才不遇的人总是很多，一事无成的天才也到处都是。教育也无法取代毅力，世界上有着太多学无所用的人。只有毅力和决心是战胜一切的坚实力量。

当我们勇往直前的时候，要记得：每一次的攀登都需要一定的时间，攀爬到更高一层的途中总是充满着各种困难和阻挠，但是我们不能停下来，而应该再战一个回合。

这就好像拳击手打比赛一样，再战一回合就能获得成功。每一个人都有无限的潜能，除非我们能将它挖掘出来，并且持续不断地使用，不然的话就没有任何价值。

我们需要努力工作才能够不失时机地抓住伟大的机会。就像有句谚语说的："打铁要趁热。"毅力与努力同等重要。"黎明之前总是最黑暗"，每一次的否定和质疑都会更接近真相。我们只有勤奋努力工作，不失时机地发挥个人的才能，成功才会眷顾你。

今天，我们在缅怀、赞美林肯总统的时候，也绝不能忘记他带给我们的精神氧气，要时刻用它来激励自己。

哪怕最终没有取得成功，我们也会是人生的赢家。因为我们已经懂得如何面对复杂的人生，这就是最大的成功。

爱你的父亲

第二十九封

天上不会掉馅饼

亲爱的约翰：

我已经看到那条说我小气，捐的钱太少的新闻了，这没关系。我早就习惯那些无知记者的谩骂了。

我认为不辩解、不发言，是我应对他们口诛笔伐的最好方式。因为我清楚地知道自己在做什么，我认为我是正确的。

每个人在做事的时候只要问心无愧就可以。我很少帮助那些让我出钱帮他解决个人问题的人。我承认，出钱比赚钱更让我紧张。也许，下面这个故事能解释我的想法。

一家农户养了几头猪，有一次主人忘了关圈门，就让这几头猪逃走了。这些逃走的猪的后代们竟然开始攻击路过的行人，当地几位经验丰富的猎人听说了之后，就想为民除害。然而，这些猪却非常聪明，没有一次被逮到过。

约翰，你可能想不到，当猪获得自由和独立的时候，也会变得强悍和聪明。

有一天，一个老人赶着一头拖着很多木材和粮食的驴来到了“野猪”出没的地方。当地的人就很好奇，问道：“你是从哪里来的，打算做什么呢？”老人说：“我来帮你们抓野猪啊！”大家一听，都哈哈大笑：“别开玩笑了，最好的猎人都抓不到，何况是你？”然而，两个月以后，老人回来说，野猪已经被他关在山顶上的围栏内了。

当地居民非常诧异，好奇地问道：“真的假的？你怎么做到的？太让人吃惊了！”

老人说：“首先，我找到野猪经常觅食的地方，然后在那里放了一些食物作为诱饵。刚开始，野猪看到还不敢靠近，只是好奇地闻闻味道。后来有一头老野猪吃了第一口，其他野猪都跟风吃了起来。看到这个情形，我就肯定能逮到它们。

“第二天，我又多加了些食物，并且在不远处立了一块木板，野猪看到这个木板有些害怕，不敢靠近了。然而，最终还是没有抵抗住食物的诱惑，它们不久都跑过去大口吃起食物来。野猪当然不知道这是个圈套，只是顾着吃食物。后来，我就每天在放粮食的同时多加一块木板，直到把它们都可以围起来。

“然后，我又在每次放食物的时候，挖起了坑，立起了角桩。刚开始，每当有新东西加入，它们都会害怕得不敢靠近，后来还是抵抗不住食物的诱惑，又都凑了上来。不久，围栏造好了，陷阱的门也造好了，而野猪早已经养成的习惯使得它们不假思索就进入了围栏。这个时候，我只需要轻轻把门关上，这些喜欢吃免费午餐的家伙们就被我轻松逮到了。”

这个故事很生动形象，道理也很简单。当一只动物不劳而获，靠人类供养的时候，它的智商就为零，接着它就遇到了大麻烦。

这个道理对人也是适用的。假如你想让一个人变成残废，只要给他一对拐杖，然后过段时间就可以达到目的了。

也就是说，你在一定时间内，总是给一个人白吃白喝，很快他就会习惯不劳而获。因为，每个人从出生那刻起就有渴望被“照顾”。

的确，我一直鼓励你要乐于助人。假如你给那人一条鱼，只能保证他一天不会挨饿。但是，假如你教会他捕鱼的本领，那么他就一辈子都不会挨饿了。这就是“授人以鱼，不如授人以渔”的道理。

在我看来，给一个人金钱资助不是一个明智的选择，它会使那个人失去奋斗的激情，变得懒散，不求上进，毫无责任感。

而且，更重要的是，你施舍一个人的时候，就等于在践踏他的尊严，也改写了他的命运，这是件很不好的事情。作为一个有钱人，我身上有着帮助人们变得更好的责任，但是绝不能给社会制造更多的懒汉。

一个人不管是好的还是坏的习惯，一旦养成，就一直会伴随着他。吃免费午餐的习惯会让他越来越堕落，以致失去成功的机会。

只有勤奋努力地工作，才能够让他体会到成功的喜悦，也才能让他明白，只有辛勤努力工作才能够获得财富的道理。

很久以前，一位睿智的老国王想给子孙编写一本智慧录，来启发和警示子孙。有一天，老国王把他认为睿智的大臣召集到一块儿，然后问："人没有智慧就好像灯笼没有蜡烛。所以，我要你们编写一个智慧录，集齐各种智慧，来帮助我的子孙少走弯路。"

这些大臣领命之后，就开始了编写工作，完成了一部十二卷的巨作，然后禀告老国王："陛下，这是集齐各种时代智慧的语录。"

老国王翻看了下，然后说："各位，这个集子确实是集合了各个时代的智慧，但是它这么厚，人们是不会有耐心看完的，还是浓缩下吧！"这些大臣又马上动工开始删减，最后浓缩成一卷书。老国王看了之后还是嫌有些长，要求再精简。

这些大臣便把十二卷书浓缩成一本书，然后又精简为一章、一页、一段，最后精简为一句话。聪明的老国王看到这句话时，显得很兴奋和得意："各位先生，这绝对是智慧的结晶，无论是哪里的人一旦听闻它，许多问题便迎刃而解了。"

这句话就是："天上不会掉馅饼。"

这句话告诉人们，假如想要出人头地、功成名就，就必须勤奋努力地工作。而那些总想着天上会掉馅饼的人，迟早会为此栽大跟头。

一个人活在这个世界上，必须在自身与外界创造足以使生命和死亡有点尊严的东西。

爱你的父亲

第三十封

广泛采集建议

亲爱的约翰：

收到你的来信我非常开心，因为你总算明白了帮助我取得成功的处世哲学：做你喜欢做的事，其他不喜欢的交给喜欢做它们的人去做。

对我来说，做喜爱的事是最正确的选择。它总是提醒我，想要让员工更加出色地完成任务，就不能仅仅靠管理技巧，而且要采取更为宏观、高效的方式。

也就是说，要让员工能够做自己喜欢做的事，充分发挥每个员工的优势，以此来激发他们的工作热情，而不是将他们限制在统一的条框中而无法发挥潜能。这就是我的成功之道。

还在上学的时候，我记得看过这样一句话："最完美的人，就是彻底投身于自己最擅长的活动的人。"后来，我把它改了改，用在了我的管理上：能够全身心投入自己喜欢的活动的人，往往最能创造出价值。

我认为，每个人都渴望能够通过做自己喜欢做的事成为成功的人。但是，可惜的是，很多管理者对员工的这种渴望和诉求顾及得不到位，结果往往不够理想。

其实这个道理也比较好懂。你只有将时间用在你喜欢的事情上，才会觉得有成就感；你只有觉得有成就感，才会点燃你对生活的热情；只有点燃你对生活的热情，你才会更好、更努力地生活。

希望一个没有工作动力的人出色地完成任务，正如希望一个坏掉的闹钟能够准点报时一样，太可笑了！

因此，我总是在想尽办法点燃员工的工作热情，让他们淋漓尽致地发挥自己的才能，这样使得他们有了成就感，我也能从中有所收获。忠于自己才能赢得人生中的战役，相信谁都不愿意放过这样的机遇。

你需要很好地发挥自己的领导职责来最大限度地调动员工的工作热情，多多关注他们的优势所在，而非抓住他们的缺点不放。

我从来不挑员工的缺点，总是找到他们的优点和才干，然后帮助他们将才干更多地展现在工作和挑战上。举个例子，我重用阿奇博尔德先生。

和其他人不一样，我用人不会看这个人身上的既有标签，也不会以自己的喜好来判断一个人。我总是以这个人在工作中的表现来衡量他，比起自己的喜好来，我更钟情于效率。

阿奇博尔德的缺点也很多。我不碰酒，但他却嗜酒如命。然而，这点小缺点不足以掩盖阿奇博尔德的超群领导能力和天赋。他积极乐观，善于应变，而且口才极佳，大胆好斗。这些都是在激烈竞争中能够胜出的重要条件。因此，我把他从对手变为合伙人，而且委以重任，甚至让他坐我的位子。

他用自己的行动证明了自己的非凡领导才能，假如他戒掉了那些坏习惯，他的成就将更加夺人眼球。

我的目的是发现每位员工身上的优点，而非缺点。我发掘出每个员工身上的优势，然后努力为他创造条件，使优势转化为出色的才能，而对他们的缺点总是视而不见。因此，我的员工无论在任何时候，都是勇于奉献、能力出众的。

约翰，人总是有缺点的，你要想成为一位出色的管理者，不光要善于发挥你的领导才能，还要善于使你手下的才能也得到尽情发挥。

你要明白，你的员工肯定有很多缺点，但是，你必须积极挖掘他们每个人身上的优点，注意他们每个人在细节上的优势。

还有，要注意他们那种苛求完美的坚持和执着。这些都是你作为领导者的职责。

一个人不可能主宰一个集体。我承认领导者对于集体的巨大作用，但我坚信，所有荣誉的获得依靠的绝非是领导个人的努力，而一定是集体勤劳和智慧的结晶。

只有所有人齐心协力，才会有奇迹的出现。

祝你好运，我的儿子。

爱你的父亲

第三十一封

珍惜时间和金钱

亲爱的约翰：

查尔斯先生去世了，我特别难过。查尔斯先生是虔诚的基督徒，和善友爱，乐善好施，总是用自己辛苦赚来的钱帮助那些穷苦大众。他那么仁爱和无私，相信上帝一定会微笑着迎接他。

有真挚的灵魂陪伴，是天赐的福气。我很庆幸我能有一位像查尔斯先生这样的合伙人。虽然我和查尔斯先生因为性格上的差异，难免会有磕绊，但我依然非常尊重他。尊重高尚的人，其实是在维护自己的尊严。

我们合作的那段岁月里，每当公司最高管理层一起吃午饭的时候，只要我先到，总会出于对他正直人品的肯定而把核心位置留给他。这一点真不值得提起，因为我们理应赞扬和嘉奖高尚的品格。而且对整个公司而言，尽管这是个很小的细节，但却对整个公司，甚至整个公司的形象都会有影响。

标准石油公司的合伙人都知道合作的重要性，因此都非常直率，即使遇到意见分歧的时候，也总是就事论事，毫不隐瞒自己的意见，也绝对不会搬弄是非，勾心斗角。

我们在一起都非常直率、信任和团结。我相信，在这种良好的气氛中，哪怕有人想动歪心眼，也不会真正实施。

但这只是标准石油公司令对手敬畏的要素之一，而开诚布公地合作才是最令对手敬畏的。查尔斯先生绝对是这方面的表率。

在一次董事会上，我真诚地发出了倡议："我们是一个大家庭，休戚相关，荣辱与共，我们要一起来成就我们共同的事业。因此，我特别强调，我们应该做什么。一定要记得，我们做任何事都是从大家共同的利益出发，我们是最佳的合作伙伴。"

我的发言使查尔斯先生感同身受，他第一个做了回复："先生们，约翰的意思是说，'我们'是一家人！比起'我'来，更应该是'我们'！"

在那个时候，我觉得我们有光明美好的未来，因为我们开始忠于"我们"。原本，对天性自私的人类来讲，忠于自己是首要的。而现在，用"我们"代替了"我"，这就表明它所凝聚的力量将是无穷大的。

我今天的成功，首要归功于我善于用人——所有的人。

我与查尔斯先生都信奉基督教。我特别喜欢查尔斯先生说过的一句话："珍惜时间和金钱。"我觉得这句话中有着大智慧。我相信很多人都非常认可这句话，但是很难将其变成自己的人生信条，融入自己的血液之中。

的确，假如一个人懂得很多的妙语箴言，见解也颇高，但是就是不能抓住机会去践行，那么他的性格也不见得会受到很多正面的影响。假如没有美好的意图，就不可能成功。

每个人都知道，生活幸福和事业成功都和如何利用时间有着巨大的关联。但是，大多数人认为时间就是敌人，因此浪费时间，不在乎时间；但是假如有人偷走他们的时间，他们就会大为恼怒，因为时间是金钱，更是生命。但可惜的是，他们就是不会利用时间。

实际上，这比哥伦布发现美洲简单多啦！我们通过对每一天、每一时刻、每一秒的行为做出计划，知道我们应该做些什么，在什么时刻优先做什么。

计划是我们根据我们的具体生活情况而制订的，它告诉我们，什么样的行为是被认可的。而在制订完美计划之前，先要搞清楚自己的需求，然后制订出详细的实施步骤，并对成果进行监督。

能够实践，且取得了一定成果的计划就是有价值的。但是，创造力、自发精神和信念，可以突破计划来实现不可能的事情。因此，也不能完全按照计划照搬照做。

生命中的每一个时刻都十分重要，每一个抉择都对生命有着巨大的影响。因此，我们必须要有坚定的策略。这个下决心的过程不能急于一时，而要仔细认真思考。

遇到重大问题，除非已经仔细考虑周全，否则不要轻易迈出第一步。要知道，思考的时间和行动的时间总是有的，而必须对计划的成熟有足够的耐心。一旦做出了决定，就必须坚定不移地去执行。

查尔斯先生的致富秘诀是：赚钱不会让你破产。在一次午餐会上，查尔斯先生用演讲家般的激情，告诉了我们他的赚钱哲学，使得每个人都大受鼓舞：

“在这个世界上，有两种人绝对不会变得富裕：

“第一种人是及时行乐者，喜欢享受生活，对奢侈品有着热切的愿望，喜欢挥霍，喜欢把钱用来买华丽的服装、奢华的汽车、豪宅和艺术收藏品。

“这种生活总是使人迷醉，但却太过于感性。及时行乐主义者必须警惕，这样的过度奢华只会增加自己的负债。一旦他们沦为房奴、车奴却又遭遇破产，那么整个人生就毁了！

“第二种人是保守主义者。他们喜欢把钱放在银行里赚利息，这无异于将钱冷冻起来，仅仅靠银行低廉的利息是不可能发财致富的。

“然而，还有一种人会成为有钱人，比如在座的各位。不是找寻花钱的方式，而是对寻找投资、管理投资等方法非常感兴趣。因为，我们明白钱可以生钱，只有把钱用来投资，才会创造更多的财富。

“但我们还必须明白，必须让每一分钱都花得物有所值，这也正是约翰的经商原则。”

查尔斯先生的演讲十分具有煽动性，台下掌声雷雷，连我也被带动得热烈鼓掌，但当时太过用力，导致吃完饭之后还感觉两只手隐隐约约有点痛。

现在，我再也没有那种使劲鼓掌的机会了，但是“珍惜时间和金钱”这句话却一直陪伴着我。

我认为不应该浪费生命，那就等于是作践自己，这世界上糟糕透顶的事情就是自己作践自己。我也不认为生活的最终目的就是为了安逸和享乐，因为这在我看来是猪的理想。

爱你的父亲

第三十二封

充实自己的心灵

亲爱的约翰：

我们的心灵和身体一样，也需要不断地滋养。但有很多人总是说没时间，就让他们的心灵一直空虚着。总是在偶尔想起的时候，才会给精神一点营养补给，但是也不忘记先填饱肚子，满足他们的物质享受。

我认为，在当今时代，人们总想方设法满足物质欲望，而忽略了精神需求。也许我的看法有些悲观，但这是事实。

在现实生活中，你经常会听到有人将漏吃了一顿午餐看作是件非常重要的事，但却从来听不到他们讲那些为了满足精神需求所做的事。难道我们每个人都精神富足吗？答案是否定的。

生活在这个世界上，那些消极、抑郁、沮丧的人总是缺乏精神食粮，导致内心空虚、黯淡。他们如此的精神饥渴，却对任何可以充实他们心灵的事物嗤之以鼻。

假如和饿了的肚子一样，只要塞进一些东西就能够填满的话，那让空虚的头脑满足就十分容易了。遗憾的是，这个是不大可能的事情，心灵的空虚很难一下子得到满足。

心灵是抚育人类的家园，给每个人都会带来或正面或反面的影响。因为，进入心灵的每一样东西都会在你心中掀起波澜，有些是正面的、积极的，有些是负面的、具有毁灭性的、阻止你未来发展的。

就拿积极来说，任何渴望成功和已经成功的人都是积极的，都善于定期地以积极有力的思想来充实自己的心灵。这就正如给身体喂食一样，也定期给精神喂以粮食。在他们看来，假如心灵充实，就不必担心填不饱肚子，更不用担心年老后的养老问题。

一个人只有拥有自己的家园，才不会流浪和乞讨。而首先，要善于接纳自己，忠实于自己的心灵。人是上帝按照自己的想法创造的，在肤色、高矮胖瘦、教育和性别上，上帝都是一视同仁的，而且，人的地位仅仅次于天使。其次，还要保持积极的态度。

两年前，卡尔·荣格先生和我恰好碰到的时候，给我讲了一个故事：

有个人被洪水围困，不得已只好爬到屋顶来躲避。他的邻居漂过来对他说："约翰，这次大水真是太可怕了！"约翰却说："不，还好吧。"

邻居诧异地反问他："还好？你看你的鸡舍都被冲走了。"

约翰说："是啊。但是我六个月以前开始养鸭子了，现在它们正好可以游泳呀。所以，我觉得还好。"

邻居又说道："但是，约翰，你的庄稼也毁了。"

约翰说："不能这么说。上周我的庄稼还因为缺水差点干死呢！你看，我的土地多需要水呀，这下不用愁了。"

那位悲观的邻居再次吃惊地对微笑着的约翰说："但是约翰，水就要涨到你的窗子了！"

没想到约翰笑得更灿烂了，说道："我真希望水再大点，这样我就不用擦窗户了。"

这个故事感觉有点滑稽，但是向我们说明了这样一个事实——当你以积极的态度来应对一切难题的时候，即使周遭的情况再糟糕，我们的心灵也不会受到环境的影响而变得消极沮丧。为了达到这种境界，我们就必须不时地充实和净化我们自身的心灵。

每个人都在经历着改变或被改变。荣格先生说，改变一个人的词汇，可以改变他的生活、收入，乃至整个人生。

举个例子，要你的世界中不再有"恨"，不是去刻意去除它，遗忘它，而是用多写、多想"爱"字来代替"恨"。当然，删除和取代的过程几乎是无止境的，但心灵却会在这个过程中越来越纯净和积极。

我们的心灵根据供养它的事物而有所反应和变化。因此，走进心灵的事物会对未来产生非常大的影响。那么，我们该如何供养我们的心灵呢？利用什么时间去供养呢？

你肯定听说过，伐木者因为没有时间去磨利他的斧头而导致伐木数量减少的故事。我们会用大把的时间和金钱来修饰我们的外表，那么，我们是否有必要用相同的时间和金钱来充实下我们的心灵呢？当然可以，而且非常容易实现。

实际上，精神食粮非常容易就能得到。例如，阅读书籍，就可以充实我们的心灵。书籍为后人指明前进的道路和方向，我们可以从众多的书籍中挑选任何我们想要的。心灵经过书籍的洗涤，就能够重新开启和重新塑造。让我们从书本中学会聪明又谦逊，谦逊又聪明吧！

当然，文字商人的书不能读，因为他们的书会以讹传讹，散布着无耻的邪念和错误的信息，这些书只有浅薄无知的人才会拿来读。

我们要看的，是那些真正能够指导我们，使我们从中汲取力量和观念的伟大之书，它可以使我们攀爬上一座更高的山峰。

例如，《奋力向前》这本书，洋溢着激情的灵魂和对生命的无限热忱。我相信美国人民都可以从中汲取能量，并且从中学到方法，受到启迪，以此来帮助自己实现梦想。假如谁还没有看过这本书，那么他可能会错过成功的机会。这本可以帮助人们获得健康、愉悦的书，我希望我的子孙也能拿来读读。

引领人们爬向高峰的动力，源于一种长期持续不断的、积极活跃的精神驱动。那些功成名就的人都会感觉到，置于高空，会发现空间很多，但是就是没有太多空间供人类驻足。心灵和身体很相似，都要按时滋养它，它才能够始终保持充沛的活力。

约翰，除非我们不想回家，否则谁也没办法阻拦我们回家的脚步。让心灵之光照耀我们前进的路。

爱你的父亲

第三十三封

“贪心”非常重要而且必要

亲爱的约翰：

别在乎说我贪心的那些人。

很长时间以来，我都认为，别人说我贪心是对我的一种褒奖，而非讽刺。在我事业开展得如火如荼的时候，第一次听到有人说我贪心，当时洛克菲勒的名字已经代表着财富和一个庞大的商业帝国。

当时，有很多媒体和大众都认为我十分贪心，他们想借此来讽刺和诋毁我，想让我的商业帝国变得充满铜臭味儿。但是，我却表现得十分镇定，淡然自若。

我很清楚，人的本能中，嫉妒是一部分天性，也是缺乏能力和毅力的一种表现。当你做得比别人好的时候，他们就会想尽办法来挖苦讽刺你，甚至编造出各种谎言来诋毁你的名声，而且还要表现得孤高自傲。这一切都源于他们对你的嫉妒，而那种孤高正体现了他们本身的虚弱。

十分有趣的是，假如你生活潦倒，远远比不上他们，也会遭到他们无情地嘲讽和讥笑，甚至会把你贬得一文不值——这就是人的本性！

我没有义务去改变人类的本性，也没有闲工夫去阻止那些想要说我坏话的人，我唯一能做的事便是让他们嫉妒我到死！尽管我知道，假如我把我的财富分一些给那些说我坏话的人，那么他们就不会再说我的坏话了。但是，这种事情我不能干。我相信，任何人都绝对不会这么干。

绅士拒绝和无知者争辩，我也不会和那些说我贪心的人争辩，但我还是会忍不住要蔑视他们。回头看看历史，看看人类发展的脚步，就可以总结出：任何社会都是在“贪心”上建立的。那些千方百计诋毁我的人，看似站在道德的制高点，可谁不想独占好东西呢？谁不想操控一切呢？因此我说，那些人总是虚伪的。

假如你有一颗橄榄，你就会想再要整棵橄榄树。我活了快八十岁，见过不会吃牛排的人，却从来没有见过不贪心的人。特别是在商界，功利和拜金都是由于贪心。我相信，即便再过很久，这个地球上多数人也还是贪心的。试想，有谁不想占据美好的事物呢？

阿奇博尔德先生说我就像一匹能闻到终点线味道的赛马，一旦闻到就会不顾一切地冲刺。这话多少有点奉承我，但说得没错，我的确贪心。

还记得读商业学校时，我的一位老师的话彻底改变了我的命运。他说：“‘贪心’是件好事，每个人都可以‘贪心’。任何事情只有‘贪心’了，才会有希望！”

当我的老师在讲台上说出这句有违常理且极具煽动性的话语时，台下的同学们一片哗然。因为“贪心”这个字眼和我们从小就被灌输的传统道德观念是多么格格不入。无论是在社会、政治、文化还是经济领域，传统道德观在社会各个层面都被当作一把标尺，假如以这把尺子来衡量贪心，那么，它无疑是肮脏不堪的。

但当走进社会、开始赚钱的时候，我才深刻地意识到，当年我的老师说的这句话饱含深意，确实太正确了。正如那些演讲家所说的，自然界不会有任何的怜悯与同情，这里是弱肉强食、适者生存的地方，即便是再文明的社会也摆脱不了这个定律。假如你不“贪心”，那么在这个机会并不是太多的世界上，机遇就会被别的“贪心”的人抢去。

就我的个人经验来讲，假如你想要赚大钱，想要功成名就，不仅仅是“贪心是件好事”这么简单，而应该认定“贪心”非常重要且必要！

贪心就意味着，我想要得到，我想要更多地占有，最好是独享！

很多人都曾在心底表示过对它的无限欲求吧？政客们会说，我就是要执政，我要当了州长再当总统；商人会说，我就是要赚钱，赚得越多越好；孩子的父母会说，我希望我的孩子功成名就，永远富裕、幸福快乐……

像这样的贪心多得数不胜数。人们只是受到传统道德的束缚，为了颜面，才将自己的贪心深深地包裹了起来。

实际上，这个世界上只要还存在着争名夺利，幸福还要靠个人奋斗去争取，那么就肯定会存在贪心。

那些虚伪的人，总认为贪心很可怕。其实我认为，将贪心之锁打开，并不意味着打开了潘多拉的盒子。正是由于许许多多跳动着的“贪心”，我们的生命才可以爆发出无限的潜能。

我假如不是因为“贪心”，不可能从一个周薪只有五美元的簿记员，一跃成为现如今全美国最有钱的人。正是“贪心”，使我有了创造财富的无穷力量；也正是“贪心”，推动了整个社会的不断演化和前进……

我提到“贪心”的时候，你可能更希望我将它说成是“抱负”。其实，在我看来，我们大可承认自己的“贪心”，而且“贪心”比“抱负”看起来显得更加质朴。质朴就意味着灵魂中正直无私的品性，在我看来，它比真诚更可贵、更高尚。

我和山姆·安德鲁斯先生一开始决定合作创办石油公司的时候，我就开始“贪心”。每天晚上睡觉前，都要不断告诫自己：我要做克利夫兰最大的炼油商，让涓涓流淌着的油溪变作成捆的钞票，我要做真正的石油之王。

在起初的时光里，我每天都十分忙碌，凡事必亲力亲为。我指挥炼油，亲自组织铁路运输，整天都在思考如何降低成本，扩大石油副产品市场。在那段日子里，我总是忍饥挨饿，夜以继日地奔波辛劳。

我的儿子，自己真心喜欢的事情一定要尽力去做，命运的主宰者是你自己。成功与失败并不仅仅在于一念之间，而是看谁更“贪心”，并且能够为了自己的“贪心”全力以赴，付出全部的努力，进而超越自己。

我的每一次前进都离不开我的“贪心”！“贪心”逼着一个人倾其所有，排除万难，努力奋斗，勇往直前。

好多人都曾经问我：“洛克菲勒先生，你成为世界上最富有的人的动力是什么？”我当然不能说是“贪心”，因为这是很多人都不愿意听到的答案。但是，事实上，就是因为我的“贪心”，不断膨胀的“贪心”，我最终变成了巨富。

每个人的内心深处都有着有潜能的、灵敏跳跃着的“贪心”。假如你不是十分热爱它，热切地想要得到它，而是总让它冬眠，那么它就会一直沉睡在你的内心深处。

因为我极度渴望成功，所以任何力量也无法阻止我释放我的“贪心”。你大可不必为因为“贪心”而获得的成功感到愧疚，因为成功属于一种高尚的追求，只要你追求的行为高尚，而且对人类做出的贡献远远比贫穷的时候多得多，那么，你就是成功的。

这点我做到了！

来细数我们的善举吧！我将大笔的钱用到教育、医学、教会和穷人的身上，这对我来说，绝对是一份伟大的慈善事业，而不是自己一时的头脑发热，世界也正因为我所做的事情而变得更加美好。所以，我认为“贪心”是好事，和罪恶沾不上边。

从这方面来考虑，假如那些说我贪心的人并不是要诋毁我的声誉，那我可能会比较容易接受他们如此评论我。

约翰，我是我生命的主宰，因此我完全不会理会那些人怎样评价我，我的内心是淡然自若的。

可能在有些人眼里，我就是一个动机不纯的商人而已，我所做的伟大的慈善事业，也会被他们认为是一种作秀，只是为了追逐个人声誉的自私行为。甚至更有人无视我的公益精神，将我所做的慈善事业认为是在赎罪，这一切真是可笑极了。

我要很诚恳地告诉你，你的父亲是值得你钦佩的。我所赚的每一分钱都是干干净净的，都是我过人的才智和强烈的事业心所得到的回报。

我相信上帝会公正严明，我一直能够如此顺利地赚到这么多钱，都是上帝给我的馈赠，为的是让我用钱来帮助更多的人，回馈社会。

该是我读《圣经》的时候了。

今晚的夜色真美，每颗闪烁的星星都好像在眨巴着眼睛说："干得好！约翰。"

爱你的父亲

第三十四封

竞争容不得同情心

亲爱的约翰：

今天，我在去打高尔夫的路上遇到了难得的挑战：一个年轻人开着他时髦的雪佛兰骄傲地超过了我。这一下子激发了我这个老头子的好胜心，结果我反超了他。这件事让我开心极了，就像我在生意上打败了对手一样。

约翰，其实那些说我贪心的人都错了，我实际上不喜欢钱，而是喜欢那种赚到钱、获得胜利的美妙感觉。我天生就有极强的好胜心，到现在都是。

当然，有时候看到别人输了我也有点同情，但是，商场如同战场，最无情的就是你下定决心要打败对手的时候。只有你想方设法打败对手，你才不会失败，竞争就是如此残酷。

必须承认的是，成功总是以牺牲别人的利益为前提。假如你渴望胜利，那么就必须打消同情别人的想法，不能总是想着做个好人，要毫不留情，全力出击，果敢迎战对手的挑战，直到胜利。

你要明白，地狱里住满了好人，失败的痛苦是经商所必须经历的。假如我们不竞争到底，不想办法打败对手，那么就只能自己做那个失败者。

老实讲，我不喜欢竞争，但我努力竞争。每次遇到劲敌的时候，我心中的好胜心就会被激发，直到获得胜利和快乐。波茨先生就曾给我带来了这种强烈的快感。

我的一个好心的错误，造成了我和波茨先生之间的竞争。十九世纪七十年代的时候，石油都集中在宾州西北部，假如在那里构造一张输油管道网络，那么每个油井就会被连接在一起，我只需要用一个阀门就可以掌控整个油区的开采量，从而垄断这一行业。

可我比较顾虑的是，我一直合作的铁路公司曾经帮助过我，假如我用管道长途运输就肯定会给他们造成压力和恐慌。所以，这个计划就一直没有实行，主要是想维护他们的利益。

但是，宾州铁路公司却要过我，后来又和我和解了。它一直不太安分，野心勃勃，总是想控制炼油业。他们打算将油区内两条最大的输油管道纳入自己的管辖范围之内，企图对我们形成威胁，而这个任务的主要执行者就是该铁路公司的子公司——帝国运输公司的总裁波茨先生。

坐视对手，等着对手实力的增强，无疑会对自己的地位构成威胁，我可不允许这样的情况发生。在我看来，我总是坚持抢占先机，先发制人。

于是，我快速让精明能干的奥戴先生组建了美国运输公司，开始了和帝国公司的一场厮杀。感谢上帝，我们的努力有了回报，不到一年的时间，我就掌控了油区四成的石油运输业务，压制住了波茨先生的猛烈攻势。但这场竞争才刚刚开始。

在这个世界上能够功成名就的人，总是想方设法寻找能获得成功的环境，若无法找到，便创造这样的环境。两年后，一个新油田在宾州布拉德福被发现，奥戴先生立刻带领人马火速赶往那个令人眼红的地方，没日没夜地开始向新油井铺设输油管道。但油田的那帮家伙都十分疯狂，巴不得一夜之间就统统把油采光，然后揣着大把钞票离开。

因此，奥戴先生那帮人就算再拼命，也没能满足运输和储存石油的需要。我不忍心看到辛劳的采油商们自我毁灭，所以让奥戴先生告诫采油商们，必须缩小开采量，因为我们的运输能力已经超负荷，假如再这样下去，他们开采出来的石油就会变得一文不值。

但是，没有人领情，甚至反过来指责我们，说我们故意不运走他们开采出来的石油。

当布拉德福德的采油商们和我们闹得不可开交的时候，波茨先生开始行动了。他先收购了我们劲敌的炼油厂，向我们的炼油基地纽约、费城等示威；然后，在布拉德福德和我们争夺地盘，铺设输油管道，还打算把当地的原油运到自己的炼油厂。

我对波茨先生的胆量，以及他想撬动我在炼油业统领地位的念头深表钦佩，但我必须把他从炼油业清理出去。

我拜访了宾州铁路公司的老总斯科特先生，并且很直接地告诉他，波茨先生正在偷偷闯入我的地盘，我必须让他立即停止行动。然而，斯科特没有帮助我，反倒默认了波茨的强盗行为。对此，我只能毫不犹豫地向波茨先生开战。

我和宾州铁路公司断绝了所有业务往来，同时将运输业务转给了长期支持我们的其他两大铁路公司，并要求它们降低运费，以和宾铁公司形成竞争之势；然后，下令关闭了依靠帝国公司运输的在匹兹堡的全部炼油厂；最后，让和帝国公司形成抗争的我们自己的炼油厂，必须以绝对低价来卖出成品油。

掌握着运输大权的斯科特先生以及他的全美最大的运输公司——宾铁公司一直没有人能够打败，但是，我的这种全方位的压迫式做法，让他们不得不屈从。

为了和我竞争，他们必须给我们的对手更大的折扣，也就是说，他们给别人服务的同时还要赔钱。接着，他们不得不降低工资，大面积裁员。但令斯科特和波茨万万没想到的是，愤怒的员工一把火烧了他们成百辆的油罐车和机车，使得他们不得不向华尔街的银行家们贷款来救急。最终，那年的宾铁股东不但没有拿到应得的红利，反而手中持有的股票大跌，与我竞争反倒使他们亏了不少钱。

波茨先生是军人出身，而且也凭借自己的勇猛获得了上校军阶，正是这股不屈服的强烈斗志，使得他在胜负已定的局势下，还要同我继续抗争。而斯科特先生之前也是有着极强统治欲的人物，但却懂得知难而退，在胜负已定的局势下，派人同我讲和，并且停止了炼油业务。

我知道，波茨上校还想继续和我抗争，但最终却败得很彻底。几年以后，波茨先生终于低下了傲慢的头颅，在我的子公司做了一个积极勤劳的董事。

傲慢通常会让人惨败。斯科特和波茨认为自己出身高贵，不把任何事情放在眼里。所以，当我成功使这些傲慢的人屈从的时候，我的内心无比激动。

约翰，我虽然渴望胜利，但却不愿意不择手段地求得胜利。那样的胜利不够光明磊落，只会让我讨厌。相当于画地为牢，即便赢得了一局，也无法在以后再次获胜。

而循规蹈矩就是在用合乎规范和道德的行为来光明磊落地赢得胜利，它也表示在这种道德制约下的无情地、公平地对胜利的追逐。

我也希望你能做到这一点。

爱你的父亲

第三十五封

将员工放在首位

亲爱的约翰：

一位交响乐团的指挥打算让入场的观众享受一场听觉盛宴，但是他却面对观众，音乐家们看不到指挥，只能孤军奋战。

试想一下，这样的音乐会一定是糟糕透顶的。因为指挥忽视了音乐家，音乐家就会消极怠工，直到搞砸这场演奏会。

其实，每个老板就像是一个乐团的指挥，他必须倾尽全力来鼓舞员工、激发员工的潜能，那么员工才能为公司做出更多的贡献，奏出更华美的乐章，带来更大的经济效益。

但是，真正做到这一点的老板总是非常少。他们总是不记得要善待员工，以至于员工总是不情愿付出，甚至消极怠工。

老板们都渴望员工能够忠诚地为公司服务，贡献自己的最大力量。比较明智的是，我总会对员工关爱有加，总能够把员工的利益放在首位。

老实讲，我实在想不出忽视为我辛勤赚钱的员工的理由，我真心感谢他们为我和公司付出的一切努力，而且，我们这个社会本应该充满温情和关爱。

我爱我的员工，给予他们温情、平等和宽容，从不在他们面前高声呵斥、任意辱骂、盛气凌人。我绝对尊重他们，因为尊重不仅是我们道德的体现，而且也能激发员工努力工作的热情。

标准石油公司的每个员工都积极努力地为公司工作，这就足以证明，给他人以尊重，是高效激发其潜能的前提。

渴望获得慷慨是人的本性。我自己勤俭自律，但从不忘记慷慨助人。还记得在经济危机的时候，我就是多次借债来帮助实在找不到出路的朋友和他们的家人渡过了难关。我知道心底宽容的价值，因此从来不催债和逼债。

我对自己的员工也非常大方和照顾。不但给他们发放业界最高的薪酬，而且还让他们享受养老金制度，还给他们每年向我提出增加工资的机会。

我承认我的大方是带有目的的，但是我知道我也有责任来帮助员工提高生活水平。我希望我的每一个员工都因为我而变得富裕。

老板就是员工的守护神，员工的问题就是我的问题。我可以选择满足他们的需求，也可以选择忽略，但是我一般会选择前者。我总是想方设法了解到员工的需求，然后想办法尽力满足。

我经常会问员工两个问题：“你需要什么？”“我可以帮上什么忙？”我很乐意帮助他们，这也是我身为老板的乐趣之一。

对有些人来说，工资和奖金就足以让他们倾其全力来为公司做事。但是，对有些人来说，给予他们重视，才能让他们努力工作。我认为，每个人都渴望得到他人的认可和重视，受到他人的尊重。每个人都在内心里呼喊着：请重视我!

假如一个人在工作和家庭中得不到重视，那该是多么痛苦的一件事，而我希望我的每个员工在工作的时候都感到满足和快乐。因此，我总是像个侦探一样，努力挖掘员工的潜能和才华。当我觉得员工的潜能足以让我对他委以重任的时候，我会毫不犹豫地给他应有的重视和地位。

一个善于激励的老板应该时刻都记住，要让员工觉得跟随你是有发展和提升空间的，而给予员工充分的重视和委以重任，也是激发他们在工作上再创佳绩的潜在动力。

老板和善、温暖、体贴，那么员工就会士气高昂、团结协作、精力充沛。此外，经常对员工表示感谢，也能够让员工更加努力地工作。

一名员工可能不记得五年前到底得了多少奖金，但是肯定会对当年老板的赞美记忆犹新，我从来不会吝于表达对员工的感激之情。任何一件事情都不如恰到好处的、直接的感谢更能够激励和影响人。

我最喜欢在员工的桌子上留下一张写满我感谢之词的便条纸。员工可能对我花了一两分钟写就的感激语记不清楚了，但是我所表达的感激之情在很多年后，还是会有鼓舞人心的力量。

他们会一直记得，有一位温情的老板给自己的肯定和赞美。这就是一份简单的感激之心所带来的强大力量。

我对员工的工作和个人问题都会认真对待。每个员工的付出都是有限的，当我竭尽所能帮助他们解决了难题的时候，他们就会回馈给我更多。

约翰，现在你已经是个领导者了。你的成功一部分因为你自身的绝佳能力，一部分来自于员工的能力，你应该知道怎么做了。

爱你的父亲

第三十六封

成功的种子就在身边

亲爱的约翰：

昨天我收到了一个发誓要成为富人的年轻人的来信。在信中，他请求我回答一个问题：在缺乏资本的情况下，他应该怎样去创业致富？

天呀，他是想让我为他指明方向。这可不是我擅长的，但又没法拒绝他，实在是很头疼的一件事。我回信告诉他，他除了需要资本之外，还要有常识。因为，常识比金钱更重要。

一个穷人去创业，总是苦于没有资本。假如他们再担心失败，那么就会迟迟不肯行动，这样就会错失了成功的机会。因此，我给那个年轻人的回信中就有特别告诫他：

“贫穷到富裕的道路总是畅通无阻的，最重要的是你要相信：你是你最大的资本。你要对自己的迟疑不停探究，直到可以用信念完全取代怀疑。你要明白，假如连你自己都不信的事，一定会失败。

信念是你前进的动力。”

只有当一个人意识到成功的种子就在自己身边的时候，他才能得到他想要的东西。在信中，我跟那个年轻人分享了一个阿拉伯人的故事，相信他能从中受到启发。

从前有个名叫阿尔·哈菲德的波斯人，在印度河的岸边，他有着一大片茂盛的兰花园、数百亩良田和花木葱茏的园林。他不仅十分富有，而且对他现在的生活非常满意。

直到有一天，一位老僧人来到他的身边，坐在火炉边说道：“你现在是很富有，而且生活也很舒适，但是假如你拥有很多钻石，那整个国家的土地就都是你的。假如你拥有一座钻石矿，那你甚至可以帮自己的孩子登上王位。”

哈菲德听得如痴如醉，当晚就彻夜难眠。这样，他就彻底变成了一个穷人——并不是因为他失去了一切，而是他一旦开始不满足，就会觉得自己很穷。当他觉得自己很穷的时候，就开始不再满足于现在所拥有的。

他脑子中不断闪过一个念头：“我要一座钻石矿。”于是，第二天一大早，他就跑去找那位僧人。

老僧人一大早被吵醒，很生气。但哈菲德完全不在乎这些，丝毫没有觉察到老僧人的生气，迫不及待地问道：“你能告诉我在哪儿可以找到钻石吗？”

“钻石？你要钻石做什么？”

“我想要很多很多的钱。”哈菲德说，“但我不知道去哪儿能找到钻石。”

“哦，”老僧人听罢，告诉他，“你只要在山里面找到一条在白沙上穿流的河，钻石就在沙子里。”

“真的吗？”

“是呀，只要找，就肯定能找到。”

“好。”哈菲德说。

于是，他卖掉了自己的农场，把所有外债都要了回来，然后让邻居照看自己的房子，就带着钱去找钻石了。

哈菲德从月光山区开始寻找，途径巴勒斯坦，最后到达欧洲，他把带去的钱花得一分不剩，只好穷困潦倒地来到西班牙巴塞罗纳海。这个历经沧桑、饱受磨难的人看着巨浪无情地拍打着赫丘力士石柱，便纵身一跃，跳进了汹涌的大海，结束了自己的一生。

在他死后不久，他的财产继承人拉着骆驼去花园喝水，无意中，他发现骆驼把鼻子伸到花园的溪水中时，溪底白沙中闪烁着奇特的光芒，结果伸手一摸，就摸到一块闪着彩虹般光芒的石头。他顺手将这块怪异的石头丢在壁炉的架子上，就出去继续工作了。

几天后，当那个老僧人来拜访哈菲德的继承人时，无意中看到了放在架子上的发光的石头，立刻惊讶地大叫：“钻石！这是钻石！哈菲德带回来的吗？”

“不是的，这不是钻石，只是一块在我家后花园发现的奇特的石头。”

“年轻人，你发财了！我认识钻石，这真是钻石！”

于是，他们马上奔向花园，用手捧起溪底的白沙，发现了很多价值连城的钻石。这便是印度戈尔康达钻石矿被发现的过程。它的价值远远高过南非的金百利，是人类历史上最大的钻石矿。英王皇冠上的库伊努尔大钻石和俄皇王冠上的世界第一大钻石，都是从那儿开采出来的。

约翰，每当我想起这个故事，就会为阿尔·哈菲德感到惋惜。假如他只是在自己的农场里浇浇花、种种田，那么就不会背井离乡，忍饥挨饿，沦为乞丐，最终跳海而亡。因为，这遍地的钻石本来就是属于他的啊！

故事不一定都具有深意，但这个阿拉伯人的故事却让我从中悟出了深刻的道理：你心心念念想要得到的钻石不在遥远的他处，假如自己相信自己，那么钻石很可能就在离你最近的后院里。

每个人都有理想，从某种意义上，这也决定了他的努力方向和判断方向。从这点上来说，我认为不相信自己的人就和窃贼一样。因为不相信自己的人，都不会充分发挥自己的能力，是无意中向自己偷窃的人。而且在这个过程中，由于他创造力低下，也等同于从社会上偷窃。不要小看这种罪状，由此带来的损失会和故意偷窃一样的严重。

我们想要登上高峰，就必须克服向自己偷窃的行为。

我希望那个渴求发财的年轻人，能够从这个故事中多少得到一些启示。

爱你的父亲

第三十七封

勇于争第一

亲爱的约翰：

昨天，汽车大王亨利·福特先生告诉我他成功的秘密是：“没有野心的人不会成就大事。”

亨利·福特先生是密歇根州的一位富豪，为人执着且意志力超强，我非常钦佩他。他和我的经历也比较类似：在农场做过工，当过学徒，与人合伙办过工厂，最终凭借自己的努力而成为全美国最有钱的人之一。

我认为，福特先生就是一个新时代的开创者，正是因为有了他，才使得美国人的生活方式发生了翻天覆地的改变。他将汽车由奢侈品变成几乎每个人都能买得起的生活必需品，看看现在大街上川流不息的汽车就知道了。当然，这个创举也让我和他赚了很多的钱。

人活着假如没有高远的目标和蓬勃的野心，那么就像是一艘没有舵的船，永远漂泊，顺流而下，最后只能在失败和沮丧的海滩搁浅。

福特先生的野心非常大，想要让他所制造的汽车穿梭于美国的大街小巷。结果他不但成功了，而且为福特公司带来了惊人的经济效益，自己也成了全世界小汽车市场的主宰者。

他也曾惊讶和兴奋地说：“那不是在制造汽车，那是在印刷钞票。”福特创造的成就也正说明了我的一个观念：财富与目标成正比。

假如你心存高远、野心勃勃，那么你就会拥有高入云霄的财富；假如你想得过且过，那么你就会碌碌无为，抱憾一生。福特并不是唯一的汽车制造商，比他有实力的大有人在，但是，他们当中的大多数人都以破产收场。

我深刻体会到，人被创造出来是带有目的性的，要么在计划成功，要么在计划失败。

我在很小的时候，就野心勃勃，梦想着有一天成为这世界上最有钱的人。这在当时，对一个穷人家的孩子来说，是多么不可思议。

但是，我觉得只有目标高远，才能刺激我不断地奋发努力，才能促使我将自己的潜能开发出来。假如没有这股刺激，那么，可能就没有那么强大的力量推动着我一直向前迈进。我总是时不时地提醒自己，不要做小计划，因为它对你的心灵的刺激太小了。

当然，成功的到来并不会像湍急的尼加拉瓜大瀑布那样瞬间倾泻下来，必须靠日积月累才能够实现。伟大和接近伟大之间的区别就在于，你必须怀抱着伟大的梦想，持续不断地奋斗。

但是，一个穷人家的孩子如何才能使梦想变为现实呢？靠给别人打工就可以实现吗？这个主意糟糕透了。

我相信，为自己的事业勤奋努力，就会发财致富；但我绝对不相信，靠给别人打工，可以成为天下最富有的人。

当我居住在百万富翁大街的时候，我就发现，身边工作最努力的人几乎都是穷人。现实就是这么残酷，假如你只是个员工，那么不管你多么努力，都不会变得非常富有。老板发给员工的工资，只是能够维持员工的日常生计，哪怕员工的工资再高，也不可能变得非常富有。

我坚决认为，“努力工作定会致富”就是个极大的谎言，我也从来不相信，辛勤为他人工作就可以得到非常多的财富。但是，我非常相信：只有为自己工作，才会变得富有。因此，我所做的一切都是围绕着我的伟大梦想展开的。

从我毕业之后找工作的时候开始，我就告诉自己：一定要去最好的公司，并且成为最好的员工。因为只有最好的公司，才会让我得到最好的见识，给我最好的锻炼，也才能最好地塑造我的能力，此外还可以让我赢得未来开创自己事业的第一桶金。而这一切都是我开创自己事业的坚实基础。

当然，在最好的公司任职，还会让我学会以最好的公司的思维方式来处理问题，这点对我来说非常关键。所以，我渴望去知名度高的大公司。

这注定我的求职路不会一帆风顺。我先去一家银行应聘，结果被拒绝了；接着，我又去一家铁路公司应聘，结果仍然失败了。

尽管那时的天气酷热难耐，但依然不能阻挡我找工作的脚步。那段日子，每天早上八点钟，我在精心修饰一番之后，便离开自己的住处，去参加各种各样的面试。连着几个星期，我把所有可能的公司都跑了个遍，还是没能找到一份工作。

这听起来糟糕透了，不是吗？但是，阻挡你继续前进的唯一阻力，便是你自己，除此之外，再无其他。因此，我不断提醒自己：假如你想实现自己的伟大梦想，就一定不能被挫折和失败所击垮。

因此，在接连遭到挫折之后，我没有颓废和沮丧，而是很快爬起来，更加义无反顾地找工作。我又把之前找过的公司挨个找了一次，有的公司甚至来回找了两三次。

上帝最终还是眷顾我的。1855年9月26日，持续了六周的求职之路总算画下了句号。我被休伊特-塔特尔公司录用了。

这一天对我的未来有决定性作用。直到现在，每当我反问自己，假如当时没有这份工作的话，怎么办？我都不由得会打颤。因为我知道那份工作对我来说意味着什么。因此，在这之后，我都把9月26日定为我的“重生日”，以此来缅怀和激励我。

写到这儿，连我自己也被感动了。

人生就像在骑脚踏车，除非你不断朝着目标骑行，否则就会摇摇晃晃地从车上跌落下来。三年后，我充满自信地从休伊特－塔特尔公司离职，和克拉克先生共同创办了克拉克－洛克菲勒公司，正式开始了自己的事业。

假如只是埋头苦干，那么很可能会觉得工作又苦又累。但是，假如你将替别人工作看作是为你自己以后的事业提供经验和教训，那么也算是一种创造财富的开始。

自己当老板的感觉真是太美妙了，简直无法形容。当然，我不会总沉浸在十八岁便在贸易代理中有一席之位的得意之中，反而时时提醒自己：“你的每一天都决定了你以后的前程，你想要成为全球最富有的人，但现在你还有太大的差距，必须努力奋斗才行。”

我总是拿做最富有的人这个梦想来不断鞭策和激励自己。在过去的几十年中，我一直力争做到最好，在我看来，如果没有得到第一名，就相当于是最后一名。我正是凭借自己力争做到最好的这股韧劲和勇气，才最终成了名副其实的全美石油工业大王。

我们每个人与其说活在希望里，不如说活在目标的达成过程中。

我的人生目标就是要力争第一，这也是我的人生规划，我所有的行为和努力都是为了实现这个伟大的人生目标。

上帝给了我们聪明的大脑和坚强的肌肉，就是让我们不断奋斗，成为人生大赢家的。

尽管在二十年后的今天，联邦法院宣告我们欢乐的大家庭解散，但只要想到我们曾经的辉煌，还是会令人激动不已。

伟大的人生就是要不怕吃苦、刚强果敢、奋斗不息，哪怕会跌倒，会失败，也要不断求得卓越。

爱你的父亲

第三十八封

冒险才有机会

亲爱的约翰：

也许还没有等到明天，报上所说的大卫·莫里斯先生就要成为富人了。他是个赌徒，刚刚在赌场上赢了一大笔钱。报纸上还登了他的一句人生格言："好奇才能发现机会，冒险才能利用机会。"

你是知道的，我一向不喜欢爱赌博的人。但是，这位先生我却不得不佩服，甚至觉得他若凭着自己的聪明才智来经商的话，会是一个十分优秀的商人。

我的这个假设并不是说，只要是优秀的赌徒就一定会成为优秀的商人。实际上，我讨厌有些人把商场看作赌场，但我却比较欣赏冒险精神。

因为商场上有个法则是，风险和收益成正比。而在商海中征战，无疑是一个人最为冒险的活动。

我的人生也充满着冒险，而涉足石油工业对我来说，无疑是一次最有决定性、对我的未来最关键的冒险行为了。

我的老本行是农产品代销，而且做得风生水起，假如持续做下去，肯定会成为大中间商。但是，照明专家安德鲁斯先生的出现，使我开始打算投资石油工业。

还记得他当时对我说："约翰，煤油燃烧发出的光亮是最亮的，它完全可以取代其他的照明油。约翰，我觉得这个潜在市场很大，假如我们涉足，那前景会是怎样啊！"

一个人拥有的东西越多，力量就越大。假如你不适时抓住机会，那么不仅仅是损失财富，而且会使你的竞争力大为降低。为此，我对安德鲁斯说："我干！"

就这样，我们投入了在当时来看数目不小的一笔钱——四千美元，然后开始经营炼油生意。尽管在当时，石油行业出了很多有钱人，也使更多的人沦为乞丐，但我一旦投资了，就不去考虑失败。

我一头扎进炼油业，兢兢业业，潜心经营，结果不出一年的时间，炼油给我们公司带来的利润远远超过了农产品，一跃成为了公司的第一业务。在那个时候，我便意识到，是冒险精神给我打开了另一条生财之道。

在当时，只有石油行业能够实现一夜暴富的可能，这大大刺激了我赚钱的欲望，也让我看到了实现抱负的机会。因此，我提醒自己："这个机遇你一定要牢牢抓紧，它会帮你实现梦想。"

然而，当我的合伙人克拉克先生知道我想要大举进军石油业的时候，非常生气。克拉克是一个保守、胆小怕事、缺乏胆略且自负的家伙。他的谨慎的经营理念和我的完全背道而驰。

我认为金钱就是粪土，你只有把它撒出去，才能够做更多的事情；假如把它紧紧攥在手里，就会发臭难闻。克拉克不明白金钱的真正价值，因此不是一个好商人。

当我们在重大事情上产生了严重分歧的时候，也就意味着我们是时候该分开了。克拉克先生已经成为我成功路上的最大阻力，我不得不选择和他散伙。

想要取得成功，必须对冒险的价值有所掌握，还要有自己创造运气的远见。在当时，我和克拉克先生的散伙无疑是一次冒险，我必须确信石油会源源不断，否则，不顾一切地进入石油业就是一次巨大的冒险。假如油源枯竭，那么，就意味着我的投资变得糟糕透顶，我可能顷刻间就成了个一文不值的穷光蛋。

而且，很多人也并不十分看好石油业，觉得石油总有一天会消失。但是，经过我多方打探得到的消息显示，担心石油会消失的这个顾虑可以完全打消。于是，我就下定决心要和克拉克先生散伙。

在决定散伙之前，我首先私底下把安德鲁斯先生拉了过来，悄悄跟他说："现在有一大笔钱在向我们招手呢，我们要走运啦！我现在要和克拉克散伙，假如我买下他们的股份，你愿意和我一起干吗？"安德鲁斯同意了。几天之后，我又找到了好几家支持我事业的银行。

在那年的二月份，当我把所有事情都准备妥当之后，正式向克拉克先生提出了散伙建议，并且态度十分坚决。然后，我们一致表决同意将公司卖给出价最高的买主。

直到今天，那次拍卖会的场景我还历历在目。当时的感觉就和赌博一样，令人紧张，惊心动魄，专心致志。那场赌博，我押上了所有的钱，却赢得了我以后的人生。

从最初的五百美元开拍，几千美元、五万美元、六万美元、七万美元……竞拍价格一路飙升，这已经远远超出了我们的预估价值。然后我也开始莫名地恐惧，担心自己能否有足够多的钱来买下这个自己一手缔造的公司。但很快我就平静了下来，并且提醒自己："别害怕，既然做了决定，就勇往直前吧！"竞争对手报价七万两千美元，我把价格抬高到七万两千五百美元。这时，克拉克先生起身大喊道："我不再加了，约翰，它归你了！"

亲爱的约翰，尽管和克拉克先生的散伙使我付出了巨大的代价，我将七万两千五百美元和公司的一半股份都给了他。但是，这个决定却影响了我的一生，也给我赢得了更加自由和光辉的未来，意义非同寻常。

从此，我开始做自己的老板，可以按照自己的主意来经营公司了。

在二十一岁时，我就有了克利夫兰最大的炼油厂，成了世界上最大的炼油商。现在想想，正是这个炼油厂为我成为石油霸主奠定了坚实的基础。这么说来，我必须感激那场竞拍，它是我人生成功的重要基石。

可以肯定地说，安逸不可能让我拥有很多财产。想要获得高额的报酬，就必须接受相应的风险。人生又何尝不是如此呢?

人生从来都是不进则退，不可能总是维持一种状态。在我看来，谨慎绝不是毫无瑕疵的成功之道。因为，无论是我们的人生还是所做的事情，都要在冒险和谨慎之间艰难地做出抉择。很多情况下，冒险比谨慎有更多成功的机会。

商人就是靠创造资源、掠夺他人的资源，甚至逼迫他人转让自己的资源来致富的。在商人眼里，财富和收益是最关键的。而假如不冒险，就不可能获得巨大的财富。

假如你要问我既冒险又不会失败的方法，那么就是：大胆筹划，小心实施。

爱你的父亲